Zu diesem Buch Der Ganges ist Indiens Schicksalsstrom – heiliger Fluss und Lebenselixier. Helge Timmerberg ist ihm gefolgt, von der Quelle im Himalaya bis zum Delta am Indischen Ozean. Er durchstreift Rishikesh, die Stadt, in die die Beatles pilgerten und wo Autos, Alkohol und Fleisch verboten sind, trifft Sadhus, Bettelmönche, und zwei wahnsinnig schöne Geistheilerinnen. Er besucht das sechstausend Jahre alte Varanasi, die heiligste Stadt der Hindus und die Metropole der Astrologie – Madonna, so heißt es, lässt sich dort regelmäßig die Sterne deuten. Sein Weg führt ihn in die Slums von Kalkutta, das «Haus der Toten» und das schönste Kaffeehaus der Welt.

Mit großer Kraft und feinem Humor erzählt Helge Timmerberg von einer Reise, die seinen Blick auf sich und die Welt verändert hat, von ewiger Pilgerschaft und dem Verlust des Glaubens, von Haschischentzug und der Suche nach Klarheit: es geht um Shiva Moon, den Mond der Zerstörung, und es geht um die Liebesgeschichte zwischen Timmerberg und Indien – dem Land, das er wieder und wieder bereist hat, seit mehr als drei Jahrzehnten.

Der Autor Helge Timmerberg, geboren 1952 in Dorfitter (Hessen), reiste mit siebzehn zum ersten Mal nach Indien und beschloss dort, Journalist zu werden. Seitdem schreibt er Reisereportagen aus allen Teilen der Welt, unter anderem für «Tempo», «Stern», «Die Zeit», «Merian» und «Playboy». Als Buchautor veröffentlichte er zuletzt «Das Haus der sprechenden Tiere. Eine Fabel» (Rowohlt · Berlin 2006).

Helge Timmerberg

Shiva Moon

Eine Reise durch Indien

Rowohlt Taschenbuch Verlag

2. Auflage August 2008

Veröffentlicht im Rowohlt Taschenbuch Verlag,
Reinbek bei Hamburg, Dezember 2007
Copyright © 2006 by Rowohlt · Berlin Verlag GmbH, Berlin
Umschlaggestaltung ZERO Werbeagentur, München,
nach einem Entwurf von any.way, Hamburg
(Foto: getty images)
Karte Peter Palm, Berlin
Satz hanseatenSatz-bremen, Bremen
Druck und Bindung CPI – Clausen & Bosse, Leck
Printed in Germany
ISBN 978 3 499 62118 5

Für meine Mutter,
die noch nie in Indien war

Inhalt

1. Die Maus wohnt im Wasserfilter 9

2. Scarlets Yogalehrer 23

3. Böse Tomaten 35

4. Wenn hundert Inder schnarchen 45

5. Endlich Haschisch 53

6. Die Ehre der Bettler I 69

7. Die wahnsinnig schönen Geistheilerinnen 81

8. Jesus, Hannibal, Gaddafi und ich 95

9. Scarlets Zaubersatz 109

10. Keine Götter, keine Träume, keine Märchen 123

11. Die Ehre der Bettler II 149

12. Big Mother Ganga 169

13. Sechshundert Mahatma Gandhis 187

    Karte 206

1. Die Maus
wohnt im Wasserfilter

Es gibt drei Möglichkeiten, in New Delhi anzukommen: die spottbillige, die superteure und das «La Sagrita». Ich habe alle drei Hotels schon ausprobiert. Jedes hat seine Schwächen. Das spottbillige in der Bahnhofsgegend kostet fünf Dollar die Nacht, und das Zimmer hat einen kleinen Balkon zur Straße, auf der Leute schlafen und Hunde bellen und Katzen streunen. Es ist nicht sauber, aber das Personal ist lieb, und sie organisieren warmes Bier, egal, wann du kommst. Das ist der Haken beim Landen in Delhi. Es ist immer nach Mitternacht, weit nach Mitternacht, aber noch nicht nah genug am Morgen, du landest in einer schlafenden Stadt, das Taxi fährt durch Geisterstraßen. Nur du kannst nicht pennen. Jetlag in einem Loch mit warmem Bier und hoffentlich noch ausreichend Zigaretten, nein, es stehen ein paar widerliche Stunden bevor, wenn man in einem der billigen Hotels am Bahnhof eincheckt. Widerlich im Sinne von widerlichen Gedanken. «Mein Gott, was willst du hier? Was hast du aus deinem Leben gemacht, dass du noch immer auf diesem Ni-

veau reist?» Als Siebzehnjähriger schmeckt das aben-
teuerlich, mit fünfzig ist es schwer deprimierend.

Die zweite Möglichkeit, in New Delhi anzukommen,
ist das «Imperial». Das schönste Hotel der Welt, eine
Mischung aus Mogul und Kolonial, Maharadscha und
Offizier, Turban und Krone, Schönheit und Macht.
Mein letztes Gespräch am Mahagonitresen der Rezep-
tion verlief so:

«How much is the room?»

«Single or double, Sir?»

«Single.»

«Two hundred and eighty US only, Sir.»

Das «only» war nicht ironisch gemeint, das sagen
sie immer, nach jedem Preis. Alles in Indien kostet irgendwas «only», außerdem sind zweihundertachtzig
Dollar für ein Hotel wie das «Imperial» im internationalen Vergleich tatsächlich «only», aber für mich war
das die Hälfte meiner Miete zu Haus. Und für den
Jungen an der Rezeption war es ein Monatsgehalt.
«Okay», sagte er. «Two hundred US, Sir, last price.»

Ich fragte ihn, ob die Bar noch geöffnet habe, denn
ich müsse mich betrinken, um diesen Preis zu akzep-
tieren, und nachdem ich drei Gin Tonic intus hatte,
war ich wieder bei ihm.

«Now you are ready, Sir?»

Er war mir sympathisch. Ich checkte in ein großes
Zimmer ein, das wie ein Museum für Agatha Christies
Reisen möbliert war, und sogar der Flaschenöffner war
da. Kennen Sie das, wenn in den Fünfsternehotels der
Flaschenöffner fehlt? Nein, er war da.

Die problematische Seite des «Imperial» ist nicht
nur der Preis für das Zimmer, es sind die Folgekosten,

die einem auf die Nerven gehen. Selbst die Marlboros sind in dem Tabakshop des Hotels fünfundzwanzig Rupien teurer als überall sonst auf dem Subkontinent. Und praktisch jeder will Trinkgeld. Damit wir uns nicht missverstehen: Ich liebe es, Trinkgeld zu geben, aber nicht so häufig, wie ich ein- und ausatmen muss. Und nicht für nichts. Dass einer seinen Schnurrbart bis zu den Ohren zwirbeln kann, ohne dabei den Turban zu verlieren, ist für mich noch kein Trinkgeld wert.

Das «La Sagrita», die dritte Möglichkeit, in Delhi anzukommen, begrenzt die Anzahl der zu tippenden Mitarbeiter auf maximal vier Personen, die Preise sind fair (fünfzig bis siebzig Dollar), in direkter Nachbarschaft finden sich kleine Parks und hübsche Villen, das Ganze nennt sich Sunder Nagar und ist New Delhis beste Kolonie. Das städtebauliche Konzept von Kolonien ist einfach. Es gibt eine große Mauer, es gibt Tore mit Wachen, dahinter wohnt die gehobene Mittelklasse in ruhigen Straßen. Die griechische Botschaft, die Asien-Redaktion der ARD, solche Nachbarn hat das «La Sagrita». Und es hat einen großen Garten und grundsätzlich angenehme Gäste, aber leider hat es wenig Zimmer. Und ist immer ausgebucht. Immer. Außerdem sollte man sich an die Ankunftszeiten interkontinentaler Flüge in Delhi erinnern. Plus die Stunde, die man braucht, um das «La Sagrita» zu erreichen. Als ich das letzte Mal dort war, fand ich den Mann an der Rezeption in tiefem Schlaf. Ich riss ihn da heraus. Der schnellste Weg, wieder einzuschlafen, war, mich abzuweisen. Mich einzuchecken hätte zehnmal so lange gedauert, zwanzigmal so lange, wenn ich ehrlich bin.

«Sorry, Sir, fully booked» hatte für seine Ohren einen beruhigenden Klang. Für meine Ohren nicht. Niemand will das hören nach einem Zehnstundenflug und mitten in der Nacht, und als er mich fragte, warum ich nicht reserviert hätte, sagte ich: «Das ist eine gute Frage. Das frage ich mich auch.» Die Antwort ist: Jeder hat eine Macke. Selbst Gandhi hatte eine. Und meine Macke ist, ich kann nicht reservieren. Weil ich keine Kreditkarte habe. Haha, sag mal an der Rezeption, egal wo in der Welt, dass du keine Kreditkarte besitzt. Nicht weil du arm bist, sondern weil du mal eine Bank betrogen hast. Genauso könntest du einem hübschen Mädchen sagen, du hättest zwar Aids, Mundgeruch und paranoide Phantasien, aber wärst ansonsten ein recht häuslicher Typ. «Sorry, Sir, fully booked.»

Ganesha nahte, der Elefantengott, er ist der Schutzpatron der Diebe, Dichter und Händler, deshalb trage ich ihn als Amulett. Er ist aber auch der «Hüter der Schwelle» und der «Überwinder aller Schwierigkeiten», und gerade in der letzten Funktion war er hier gefragt. Ich knöpfte mein Hemd ein bisschen auf, und als der Mann Ganesha sah, kam er sofort hinter dem Tresen hervor, trat auf mich zu und küsste ihn. Erst dann fiel mir auf, dass im Foyer eine mannshohe Ganesha-Statue stand. Der Gott erfreut sich großer Beliebtheit in Indien. Er ist klein, dick, und er hat einen Elefantenkopf. Eine Ratte begleitet ihn. Als «Überwinder aller Schwierigkeiten» arbeitet er folgendermaßen: Entweder er spießt die Hindernisse mit seinen Stoßzähnen auf, oder er drückt sie mit seinem breiten Elefantenschädel zur Seite, oder er schickt seine Ratte los, um

Schlupflöcher zu suchen. Ergebnis so oder so: Ich bekam das beste Zimmer. Es war fast so groß wie die Zimmer im «Imperial», aber es hatte eine Dachterrasse mit Blick auf den Mond.

Für welche der drei Möglichkeiten, in Indien anzukommen, werde ich mich dieses Mal entscheiden? Ich weiß es während der Landung noch immer nicht. Jede der drei hat ihre Tücken, ich sagte es bereits. Die Nummer mit Ganesha muss nicht klappen, das «Imperial» bereue ich spätestens beim Auschecken (außerdem verdirbt es einen für alles, was noch kommt), und im Bahnhofsviertel wird bald eine Bombe hochgehen, aber das weiß ich bei der Landung noch nicht. Nein, ich kann mich nicht entscheiden, während ich am Gepäckband stehe, und als ich auf den Schalter für «Prepaid-Taxi» zugehe, kann ich es immer noch nicht. Es gibt eine vierte Möglichkeit, denke ich. Kollegen. Scarlet hat mich x-mal eingeladen, bei ihr zu wohnen, wenn ich in der Stadt bin. Sie wäre sogar beleidigt, wenn ich es nicht tue, und sie wäre es zu Recht. Aber sie hat einen grässlichen, geilen Hund namens Krishna (Gott der Liebe), der Sex mit meinen Beinen haben wollte. Beim letzten Mal.

Ich glaube, es wird deutlich, dass ich öfter in Indien bin. Es ist meine zweite Heimat. Aber nicht eine, die auf die erste folgt, sondern eine für zwischendurch, eine für immer wieder, seit meinem siebzehnten Lebensjahr. Zweimal kam ich über Land, die anderen hundert Mal mit dem Flieger. Und immer Delhi. Da lernt man eben das eine oder andere Mitglied des «Foreign Correspondents' Club» kennen. Zwei insgesamt. Der eine ist ein amerikanischer Fernsehjournalist, der in Indien seinen Frieden gefunden hat, die andere ist Scarlet. Von dem Amerikaner weiß ich, dass er zurzeit nicht in Delhi ist, sondern beim Dalai Lama in Dharamsala, weil er seinen Frieden inzwischen wieder verloren hat. So ist das Leben. Nichts hat Bestand. Sein Garten war ein kleiner exotischer Platz mit lauschigen Bänken, seine Frau war wunderschön, er hatte immer Haschisch und fast immer fabelhafte Gäste. Ach, Patrick, warum musste das geschehen? Warum musstest du deine Frau verlieren, an einen Australier, der auf Koh Samui lebte, wo sie nach einer Party ertrank? Mohani hatte schon immer Angst vor dem Wasser, jetzt ruht sie auf dem Grund des Pazifischen Ozeans, und du lungerst bei den Lamas rum und versuchst, ihre Schönheit zu vergessen, ihre Gutmütigkeit, ihr Lachen. Sie war eine Lichtgestalt mit pechschwarzen, hüftlangen Locken. Es ist manchmal aber wirklich zum Kotzen.

«Nizamuddin», sage ich, als ich an dem «Prepaid-Taxi»-Schalter stehe. Die Sache mit den Prepaid-Taxis ist folgendermaßen: Als es noch die freien Taxis gab, die man sich vor dem Indira Gandhi Airport selbst besorgte oder besorgen ließ, verschwanden immer mal wieder Touristen, kurz nachdem sie gelandet waren, spurlos. Um das zu beenden, wurde ein Schalter im Flughafengebäude eröffnet, an dem man ein Taxi zugewiesen bekommt. Sie haben deinen Namen, sie kennen dein Ziel, und sie wissen, wer dich fährt.

«Nizamuddin Station, Sir?»

«No, Nizamuddin East.»

«Five hundred rupees only, Sir.»

Die freien Taxis haben nur die Hälfte gekostet, aber

was ist schon Geld gegen das relative Gefühl von Sicherheit?

Ich habe mich also für Scarlet entschieden. Eine ihrer vielen guten Seiten ist, dass man sie nach sieben Jahren nachts um vier unangemeldet besuchen kann, ohne dass sie dabei sonderlich die Fassung verliert. Sie umarmt mich, sie sagt «unglaublich», sie fragt, ob ich einen Tee will, sie zeigt mir das Gästezimmer und erzählt mir kurz das Wesentliche. Sie hat sich von ihrem Freund getrennt, ihr Verleger überweist kein Geld, und es gibt Ärger mit ihrem Pressevisum. Wenigstens bei ihr ist alles beim Alten geblieben.

Scarlets Mutter war das schönste Mädchen von Sri Lanka, Scarlets Vater war der hässlichste in Asien tätige britische Anwalt, der vorstellbar ist, durch die Güte der Gene haben ihr beide nur das Beste von sich geschenkt. Kindheit in Ceylon, Schule in London, mit achtzehn reiste sie über Land nach Indien, und bevor sie sich entschloss, Journalistin zu werden, hat sie sich in verschiedenen Berufen (Drogenschmuggel, Nachtclubtätigkeiten) bewährt. Als ich sie kennen lernte, war Scarlet Asienkorrespondentin des «Daily Telegraph». Am liebsten machte sie Afghanistan-Reportagen. Den Tapferkeitsorden des «Foreign Correspondents' Club of South Asia, New Delhi» erwarb sie sich, indem sie einen Taliban-Offizier ohrfeigte, der ihr blöd gekommen war. Vor versammelter Mannschaft. Dass sie danach nicht erschossen, gesteinigt, zu Tode gepeitscht oder sonst wie exekutiert wurde, lag an der Selbstverständlichkeit, mit der sie die Ohrfeige gegeben hatte. Oder an der Unmissverständlichkeit. Das war nicht

Frau gegen Mann oder Ungläubige gegen Moslem, das war blütenreiner, in die Wiege gelegter und natürlich gelebter Kolonialismus. Sorry, Herr Taliban und Ex-Eseltreiber, aber wer nicht hören will, muss fühlen, oder? Inzwischen ist Scarlet Romanautorin geworden. Sie will mir morgen davon mehr erzählen. O Gott, ich hätte es wissen müssen. Privat nach einem Interkontinentalflug abzusteigen hat seine ganz eigenen Tücken.

Scarlets Gästezimmer ist ideal, fast verträumt, märchenhaft. Das erhöhte Bett hat vier Pfosten mit einem Himmel und erinnert an Tausendundeine Nacht. Draußen heulen Hunde. Ich kann nicht einschlafen, und um auf andere Gedanken zu kommen, könnte ich onanieren, lesen oder meditieren. Ich entscheide mich für den Weg der Mitte, also lesen. Der Weg der Mitte. Mit ihm konnte ich erst ab fünfzig was anfangen. Inzwischen bin ich dreiundfünfzig und habe Übung darin. Der Weg der Mitte ist der Weg der kontrollierten Langeweile.

Ich lese einen Roman von Tom Wolfe. Lieber würde ich jetzt einen Roman von Kipling lesen, «Kim» zum Beispiel, oder einen Roman wie den «Palast der Winde» oder «Das indische Grabmal», denn ich bin in Indien, im geheimnisvollen, magischen Indien. Aber nein, Tom Wolfe. «Die Zeit» will eine Rezension von mir. In Indien Tom Wolfe zu lesen ist, wie in einer Kantine der New Yorker Börse Sanskrit zu studieren. Es funktioniert, weil Yin und Yang funktioniert. Die ewige Beziehungskiste der Pole. Fabelhafter Satz. Ich komme in Form. Ob Scarlet Bier in der Küche hat? Sie hat. Und sie hat eine Maus. Ich überrasche den Nager zwischen Kühlschrank und Herd. Die Maus gibt

Gas und verschwindet (ich glaub es nicht) im Wasser-filter. Die Maus wohnt im Wasserfilter. Na dann gute Nacht.

Kein Ausländer und kein Inder ab Mittelschicht auf-wärts trinkt in New Delhi das Wasser so, wie es aus dem Hahn kommt. Tut er es doch, wird er die nächsten fünf bis sieben Tage, wenn er Pech hat, auch die nächsten zwei Wochen alles, was er in sich hat, von sich geben, oben wie unten. Diese Krankheit wird Delhi-Belly ge-nannt. Streng genommen ist es keine Krankheit, son-dern eine Umstellung des Immunsystems. Es wird einer anderen Welt von Bakterien angepasst. Und wer sich nicht anpassen will, muss von morgens bis abends hell-wach sein. Salat wird mit diesem Wasser gewaschen, Früchte werden mit diesem Wasser gewaschen, das Eis im Whiskey ist aus diesem Wasser gefroren, und bei den Mineralwasserflaschen musst du aufpassen, dass der Drehverschluss unversehrt ist, sonst ist auch da diese Kloake drin, die in New Delhi aus dem Hahn kommt. Also Wasserfilter. Sie fallen nicht auf, weil sie so unauffällig sind. Ein kleiner, schlanker Behälter, an die Küchenwand geschraubt, nimmt das Wasser direkt von der Leitung auf und gibt es gefiltert an die Hähne von Scarlets Spülbecken weiter. In diesem kleinen, schlanken Behälter wohnt die Maus.

«Das glaube ich nicht», sagt Scarlet, als ich ihr beim Frühstück davon berichte. «Da würde sie ja ertrinken.»

«Wenn sie den Kopf hoch genug hält, vielleicht nicht.»

«Die wohnt nicht im Wasserfilter, Helge.»

«Die wohnt nicht im Wasserfilter! Die wohnt nicht im Wasserfilter! Ich habe sie ja nur darin verschwinden sehen. Und sie kam nicht wieder raus. Jedenfalls nicht, solange ich in der Küche war. Okay, vielleicht hat sie sich im Wasserfilter auch nur versteckt. Und vielleicht zum ersten Mal. Und ist daran jetzt verreckt.»

Da stehen unsere Gläser mit dem gefilterten Wasser. Meins habe ich nicht angerührt, ihres ist halb leer. Scarlet ist kurz irritiert, aber dann siegt die Afghanistan-Kämpferin. Sie trinkt noch einen Schluck und wechselt das Thema. Meine Pläne? Was ich in Indien will? – Wahrscheinlich dasselbe wie immer. – Aha. Und was noch? – Ein Buch schreiben. – Aha. Worüber? – Den Ganges. Von der Quelle bis zur Mündung. Scarlet sieht mich so belustigt an, wie das nur eine Lady aus der englischen Oberschicht kann. «Also non-fiction», sagt sie. «Ja», sage ich, «non-fiction, und ich weiß, du hast gerade einen Roman geschrieben. Und ich weiß, beim Roman fängt das Schreiben erst an. Und ich weiß auch, dass dir jetzt das Frühstück wieder besser schmeckt, Scarlet. Und im Übrigen hast du es hier richtig nett.»

Das Frühstück findet auf der Terrasse statt, die groß genug ist, um drei bequemen Stühlen, einem Tisch, mehreren tropischen Topfpflanzen und dem Bewegungstrieb eines Hundes Platz zu bieten, eines Hundes, der sich gebessert hat. Krishna ist zwar noch immer ein geiler indischer Straßenköter, aber er hat offensichtlich die eigene Art als Sexualpartner entdeckt. Er steht aufgerichtet am Geländer der Terrasse und hechelt zum Park rüber, in dem seine Freundin gerade Auslauf hat. Park ist eigentlich zu viel gesagt. Und Garten wäre zu wenig. Ein eingezäunter Minipark, eine liebevoll bepflanzte Grünfläche für die Bewohner der umliegenden Häuser. Villen. Residenzen. Hier haben Briten während der Blüte ihres Imperiums gebaut, und die Neubauten dazwischen haben sich dem Stil angepasst. Umrahmt wird die Idylle von einer Mauer, die zur Zeit der Mogul-Herrschaft errichtet worden ist. Alte Steine, schönes Licht, teure Autos, wie halt ein guter Tag beginnt. Außer um mit Scarlet zu quatschen, sollte ich ihn dafür nutzen, mir ein Zugticket und warme Kleidung zu besorgen. Ich muss in den Himalaya. Und zwar ziemlich hoch rauf. «Die Quelle liegt auf viertausend Meter», sagt Scarlet. Sie hat im «Lonely Planet» nachgeschaut. «Und ich fürchte, du musst dich beeilen. Das ist der Nachteil von non-fiction, Sweetheart» (sie klappt den Reiseführer wieder zu), «sie schließen demnächst die Pässe. Und hast du eigentlich mitbekommen, dass Tiziano letztes Jahr gestorben ist?»

Jetzt bin ich ein bisschen von den Socken. Tiziano Terzani, der Ex-Reporter-Star des «Spiegel». Ich habe mal auf einer Party des «Foreign Correspondents' Club» mit ihm gekifft. Er sagte damals, er habe früher nie gekifft. Erst als sein Sohn zu kiffen aufgehört habe, habe er damit angefangen. Was ist nur mit meinem Indien los? Es stirbt rechts und links.

«Krebs», sagt Scarlet.

«Lungenkrebs?»

«Wahrscheinlich.»

Wieder Flashback zur Party. Tiziano hat mich gefragt, wie viele Zigaretten pro Tag ich rauche. Als ich es ihm sagte, hat er so komisch geguckt. Er hatte zu diesem Zeitpunkt den Krebs besiegt. Das war vor fünf Jahren. «Hast du sein Buch gelesen?», fragt Scarlet. «Nein, aber er hat mir die Geschichte erzählt.» «Fliegen ohne Flügel» geht auf eine Prophezeiung zurück. Ein Wahrsager wies ihn 1976 darauf hin, dass er 1993 bei einem Flugzeugunglück sterben werde, falls er 1993 mit einem Flugzeug flöge. Tiziano nahm deshalb in diesem Jahr keine Geschichten an, für die er hätte fliegen müssen. Er fuhr entweder mit dem Auto, mit dem Schiff oder mit der Bahn. Anders ging es nun mal nicht. «Der Spiegel» machte da mit, weil der Mann brillant war und alle an die Wand schrieb. 1993 passierte in Asien irgendein Scheiß. Man fragte Tiziano, der in Bangkok weilte, ob er da hinfahren kann, aber Tiziano sagte, bis er mit dem Zug sein Ziel erreicht, ist der Scheiß wieder vorbei. Also schickten sie einen anderen hin. Die Maschine, mit der er unterwegs war, stürzte ab. Und was mich an diesem Tatbestand jetzt so kirre macht, ist Folgendes: Ich habe mal einen Astrologieprofessor in Varanasi gefragt, ob die Astrologie den Zeitpunkt und den Ort des Todes exakt berechnen kann, und er hat ja gesagt, das geht. Dann habe ich ihn gefragt, ob man mit dem Wissen um diese Voraussage den Tod umgehen kann, und er hat nein gesagt, das geht nicht. Aber wenn mir prophezeit wird, dass ich dann und dann in Varanasi sterben werde und deshalb nie mehr nach Varanasi reise, was ist dann? Dann wird es Gründe geben, dass du nach Varanasi zurückkommen MUSST, hat der Astrologieprofessor daraufhin gesagt. Beweist Tizianos Geschichte, dass der Professor irrt, oder bestätigt sie ihn? Tiziano hat das Jahr 1993 überlebt. Aber danach hat er Krebs gekriegt. Das war das eine, was mich flippte. Das andere: Ist das langsame Sterben nicht härter als das schnelle? Weil man weiß, dass man sterben wird, und weil man ab jetzt nur noch verliert? Und weil man im Kopf tausendmal stirbt, bevor es wirklich passiert? Und müssen wir nicht irgendwann alle sterben? Irgendwann, das ist ein merkwürdiges Wort. Es suggeriert noch jede Menge Zeit. Warum, ist mir schleierhaft, denn «irgendwann» legt sich in keiner Weise fest. Irgendwann kann irgendwann sein, aber irgendwann ist auch gleich, also sofort nach jetzt.

2. Scarlets Yogalehrer

Gegen Mittag kommt Scarlets Yogalehrer. Er ist schlank und drahtig, hat einen silbergrauen, kurz gestutzten Vollbart, auch seine Haare sind silbergrau. Eine gepflegte silberne indische Erscheinung um die vierzig. Sie machen ihre Übungen auf dem Teppich im Salon.

Yoga ist nichts Statisches. Nichts Totes. Innerhalb der letzten sechstausend Jahre hat es jeder Yogameister mit seiner persönlichen Note bereichert. Das Verdienst dieses Meisters scheint darin zu bestehen, dass er das Yoga von der Zeitlupe befreit. Das geht alles ziemlich zack, zack bei ihm, und er unterhält sich dabei mit Scarlet über eigentlich jedes vorstellbare Thema, nur nicht, zum Beispiel, übers Atmen. Darauf angesprochen, reagiert er, wie Miles Davis auf die Frage reagiert hätte, warum er keine Volksmusik spielt. Auch das fällt auf an diesem Yogalehrer. Er überzieht jede Geste. Er ist theatralisch.

«Ach, das Yoga der Veden», sagt er und wirft dabei ein Bein um seinen Hals. «Für diesen Scheiß müssen Sie nach Rishikesh fahren.»

«Genau das habe ich vor. Aber erst muss ich noch nach Gangotri.»

«Sie wollen an die Quelle des Ganges?» Scarlets Yogalehrer nimmt fast erschrocken das Bein wieder runter. «Da ist es aber jetzt scheißkalt.»

Der Mann ist goldrichtig. Nachher sitzen wir auf Scarlets Terrasse, und ich erfahre mehr über ihn. Er ist staatlich geprüfter und autorisierter Yogalehrer, seine Schüler sind in- und ausländische Journalisten, Botschaftsangehörige, wie zum Beispiel der Botschafter von Schweden, Politiker, Schriftsteller, Manager, zwanzig Schüler insgesamt, keine Klasse. Nur Hausbesuche. Als Scarlet ihn fragt, ob er auch eine Bollywood-Schönheit oder ein Model in seinem Kreis habe, schaut er ein bisschen nach rechts oben in einer Weise, die nur ein schwuler indischer Yogalehrer draufhat, dem man langweilige heterosexuelle Absichten unterstellt. Er wendet sich zu mir und fragt nach meinen Reiseplänen. Wann soll es losgehen? Und wann schließen eigentlich die Pässe? «In einer Woche», antwortet Scarlet für mich. «Und er braucht fünf Stunden mit dem Zug und dann nochmal fünfzehn Stunden mit dem Taxi, bis er da ist.»

«Plus drei Tage zu Fuß.» Das bin ausnahmsweise mal ich.

Scarlets Yogalehrer bietet mir an, mich zum Bahnhof zu begleiten, um mir beim Kauf der Zugkarte zu helfen. Wir nehmen eine Motorriksha. Das ist ein Kraftfahrzeug mit drei Rädern. Vorne eins, hinten zwei. Der Fahrer lenkt es wie ein Motorrad, auf der Rückbank ist bequem Platz für zwei, es passt aber auch eine komplette indische Großfamilie rein, und dazu ein an den

Pfoten zusammengebundenes Hängebauchschwein. Die Motorrikschas kosten nur halb so viel wie ein Taxi. Das ist ihr Vorteil. Ihr Nachteil: Bei einem Unfall hat man keine Chance. Entweder es schmeißt einen raus, oder man knallt gegen die Metallstangen, die rechts und links und über einem sind. So sind Rikschas gebaut. Überall Stangen. Der andere Nachteil: Man sitzt an der frischen Luft. Es stimmt zwar, dass sie die Luftverschmutzung in New Delhi durch konsequente Umstellung aller öffentlichen Busse, Taxis und Rikschas auf Gasmotoren wieder so weit vermindert haben, dass eine offene Fahrt von Nizamuddin bis zum Hauptbahnhof nicht mehr dem Genuss von tausend Zigaretten gleichkommt, sondern nur noch dem Genuss der Hälfte, aber fünfhundert Zigaretten in dreißig Minuten sind eigentlich auch noch zu viel.

Und der Fahrstil der Inder wird sich nie ändern. Es ist im Grunde kein Stil, sondern ähnlich wie bei den Bakterien eine gänzlich andere Welt. Aber eine, an die man sein Immunsystem nicht anpassen kann. Man kann nur wegsehen. Oder sich suggerieren, man säße im Kino. Animationsfilm. Die rasantesten Fastunfälle. Das Geheimnis des indischen Straßenverkehrs ist neurologischer Natur: Er fließt anders, weil die Gehirnströme der Inder anders fließen, a) in anderen Bahnen und b) in anderen Rhythmen. Wie soll man das erklären? Sie sind wie tief fliegende Schwalben, von denen man auch glaubt, sie würden jeden Moment miteinander kollidieren. Die dritte Möglichkeit, während einer Motorrikscha-Fahrt nicht permanent (und unnötig) Adrenalin auszuschütten, besteht darin, ab und an einen Blick auf den Fahrer zu werfen. Ist er entspannt, wird schon nichts passieren. In diesem Fall sehe ich im Rückspiegel, dass der Mann sehr entspannt ist, möglicherweise zu entspannt. Er fährt mit geschlossenen Augen. «Unser Fahrer schläft», sage ich, und Scarlets Yogalehrer flippt völlig aus.

Thema Zugkarte: Man kann in Indien nicht einfach in den Zug steigen und da das Ticket kaufen. Das geht überhaupt nicht. Man kann aber auch nicht zum Bahnhof gehen, das Ticket erstehen, noch einen Kaffee trinken und eine rauchen und dann den Zug nehmen. Man muss auf jeden Fall und mindestens einen Tag vor Reiseantritt einen Platz reservieren. Man kann aber in Indien nicht einfach an den Schalter treten und einen Platz reservieren. Die Inder haben von den Engländern drei Dinge übernommen, behalten und bis ins Absurde gepflegt: die Angst vor der Sexualität, die Eisenbahn und die Bürokratie. Um eine Fahrkarte zu kaufen, muss man ein Formular ausfüllen, das mal ein Visumantrag werden will, wenn es groß ist. Die Frage nach Vor- und Familienname des Reisenden hat ja noch Sinn, aber was wollen sie mit dem Namen des Vaters (!) und mit der Nummer des Passes und mit dessen Ausstellungsdatum und Gültigkeitsdauer? Weil in Indien Züge auch gern mal mit einem halben Jahr Verspätung ankommen und dann das Visum abgelaufen ist? Sicher nicht. Es hat keine praktischen Gründe. Die Hingabe der Inder an die Bürokratie ist religiöser Natur. Ich kann es nicht genauer erklären. Es ist nur so ein Gefühl.

In der Reservierungshalle für Ausländer, in die mich Scarlets Yogalehrer führt, sind gut vierzig Sofas in zwei

Hufeisenformationen zusammengerückt. Auf ihnen sitzen etwa hundertfünfzig Rucksacktouristen. Neuankömmlinge nehmen jeweils links außen Platz, um nach rechts außen durchzurutschen. Das Ende der Reise sind die Schalter, hinter denen die Mitarbeiter der indischen Eisenbahn die Reservierungsformulare prüfen. Weil sie das gründlich machen, gehört das «International Reservation Office» im Hauptbahnhof von New Delhi ohne Zweifel zu den glücklichen Oasen des Buchmarkts. Gelesen wird hauptsächlich Englisch, Japanisch und Hebräisch sowie alle romanischen Sprachen. Wie gern hätte ich jetzt nicht meinen Tom Wolfe vergessen. Wie hätte er diese Rucksacktouristen beschrieben?

Die israelischen Frauen erkennt man an ihrer Schönheit und ihrem militärischen Gang, die israelischen Männer sehen allesamt wie Helden aus Bibelverfilmungen aus, denn sie haben seit ihrem Abschied von der Armee weder Haupt- noch Barthaar geschoren, und die Klamotten, die sie tragen, die trägt man halt seit dreitausend Jahren, wenn das Klima mitspielt. Die Amerikaner haben sich durch die Bank für Globetrotter-Vieltaschen-Hosen und vernünftige Hemden entschieden, die Japaner erkennt man daran, dass sie Japaner sind, und dann gibt es noch die Fraktion, die sich wie Inder kleidet. Vornehmlich heilige Inder. In zwei Varianten: der weiße Heilige mit wallendem Gewand oder der wilde Heilige. Letzterer geht halb nackt, und seine Frisur ist eine perfekte Mischung aus Rastafari und Shivaismus. Beide Religionen eint die Vergötterung des Haschisch und die Verteufelung des Kamms. Ansonsten haben sie wenig miteinander zu tun. Und es sind in der Regel die Rucksacktouristen aus Südeuropa, die so zum Bahnhof gehen.

Mache ich mich über junge, unschuldige Menschen lustig? Ich würde sagen: nein. Ich versuche nur, mich damit ein bisschen zu therapieren. Ich hatte einen kleinen Schock bekommen, als ich das «International Reservation Office» betrat. So habe ich auch mal ausgesehen. Und wenn man nicht ganz genau hinschaut, sehe ich immer noch so aus. Onkel Helge ist zurück. Overland forever.

Nach all den Jahren des erwachsenen Reisens rutsche ich wieder demütig und vom Leben kleingekriegt von Zeit zu Zeit ein Plätzchen weiter, und als ich den Flügel der Sitzmöbel-Hufeisen-Formation verlasse, um auf die Gerade einzubiegen, stelle ich Scarlets Yogalehrer die Frage, ob er mir inzwischen ein paar Atemtechniken gegen die Kälte, die in viertausend Meter Höhe herrscht, beibringen kann. Denn meine Angst ist ja nicht, dass die Pässe schon zu sind. Mein Horror ist, sie sind noch offen. Scarlets Yogalehrer sagt, er könne mir durchaus Techniken zum Entfachen der inneren Hitze vermitteln, aber er hält es für realistischer, mir die Geschäfte zu zeigen, in denen es warme Kleidung zu kaufen gibt.

«Mindestens zwei Pullover, besser drei, dazu eine gefütterte Jacke. Und Sie brauchen Unterwäsche mit langen Armen und langen Beinen, und davon müssen Sie minimum zwei Garnituren übereinander tragen, außerdem brauchen Sie eine Mütze und einen Schal.»

«Und ich brauche etwas, von dem ich nicht weiß, wie es auf Englisch heißt. Auf Deutsch heißt es Wärmflasche.»

«Ich glaube, ich weiß, was Sie meinen.»

«Sicher?»

«Ich glaube, Sie meinen Handschuhe.»

«Nein, ich meine Wärmflasche.»

Nachdem wir den Platz im Zug reserviert haben, kaufen wir all diese Dinge in einem Fachgeschäft für Bergsteigerausrüstung namens «United Colors of Benetton». Sie haben alles, bis auf die Wärmflasche, und weil er mir wirklich sehr geholfen hat, lade ich Scarlets Yogalehrer ins «United Coffee House» zum Essen ein.

Das «United Coffee House» ist das einzige Lokal, das ich in New Delhi empfehlen kann, weil man tief gepolstert unter Lampen sitzt, die es auch in chinesischen Edelbordellen gibt, das Essen ist gut und fast günstig, und es wird Alkohol ausgeschenkt. Vornehmlich Sikhs wissen Letzteres zu schätzen, deshalb sieht man viele Turbane im Restaurant. Und da naht auch schon ein Ober, und eine Einmannkapelle nimmt ihre Arbeit auf. Ein nicht fetter, aber feister Sänger und ein selbstspielendes Tasteninstrument mit Rhythmusmaschine unterhalten die Gäste mit einem Potpourri aus allgemein bekanntem Liedgut wie «Yesterday» und «Country Roads», und ich denke, dazu passt ein Tomatensandwich ganz gut. Scarlets Yogalehrer entscheidet sich für ein südindisches Gericht.

«Was wollen Sie eigentlich an der Quelle des Ganges?», fragt er mich. «Ihre Sünden abwaschen?»

«Nein, auf keinen Fall. Dafür ist das Wasser viel zu kalt. Ich tippe nur mal kurz mit dem Finger rein, mehr nicht.»

«Sie fahren morgen fünf Stunden mit dem Zug und

fünfzehn Stunden mit dem Taxi, und dann gehen Sie nochmal (er erinnert sich) drei Tage zu Fuß, und das alles bei diesen grässlichen Temperaturen, nur um mal kurz mit dem Finger reinzutippen?!»

«Nein, natürlich nicht. Das mache ich nur, weil jeder Fluss und jede Geschichte einen Anfang hat. Und ohne den Anfang geht es leider nicht.»

In Wahrheit habe ich keinen Mumm in den Knochen. In Wahrheit will ich ein Buch schreiben, das an der Quelle beginnt und an der Mündung endet, und ich traue es mir nicht zu, wenigstens die Kälte-Etappe der Reise rein schriftstellerisch zu bewerkstelligen. In Wahrheit bin ich ein elender Erleben-Müsser. In Wahrheit hat Scarlet Recht.

«Glauben Sie an Reinkarnation?», frage ich, um das Gespräch eine Nuance belangloser zu gestalten.

«Nein, eigentlich nicht.»

Das hatte ich erwartet. Scarlets Yogalehrer meint, Glauben sei grundsätzlich nicht sein Ding. Er weiß lieber, und solange er nicht weiß, versucht er zu verstehen. Glauben sei das glatte Gegenteil von Verstehen. Glauben sei die Kapitulation. Außerdem: «Wieso fragen Sie mich? Das wissen doch nur die Toten. Alles, was Lebende darüber sagen, ist reine Spekulation.»

Während Scarlets Yogalehrer spricht, sehe ich einer Ratte dabei zu, wie sie einem bodenlangen Vorhang entschlüpft und zu einem der Tische zischt, um unter ihm zu verschwinden. Der Gast, der an dem Tisch sitzt und isst, hat sie glücklicherweise nicht gesehen. Glücklicherweise, weil er ein Ausländer ist. Inder haben mit einer Ratte im Restaurant kein Problem. Auch nicht mit zwei. Ich habe mal gehört, dass in Bombay auf einen Einwohner zwei Ratten kommen, und da leben immerhin 17,4 Millionen Menschen. In Delhi leben nur 13,8 Millionen Menschen, und sie haben auch keinen Seehafen. Aber dafür haben sie die Ufer des Yamuna, und der ist schon kein verdreckter Fluss mehr, der ist die flüssige Pest schlechthin. 27,6 Millionen Ratten auf 1482 Quadratkilometern, da kann es durchaus mal vorkommen, dass sich zwei davon ins «United Coffee House» verirren.

«Können Sie schweben?», frage ich.

«Was?!»

«Levitieren.»

«Beim Meditieren abheben? Nein. Und ich habe auch noch niemanden gesehen, der das kann.»

«Aber ich. Auf Fotos in einem deutschen Magazin. Schüler der Transzendentalen Meditation schwebten fünf Zentimeter über dem Boden. Sie haben fünftausend Euro dafür bezahlt.»

Eine Gabel fällt in ein südindisches Gericht. Scarlets Yogalehrer starrt mich an. «Die schweben nicht! Die hüpfen. Das sind Muskelreaktionen, ausgelöst durch eine besondere Atemtechnik, mehr nicht. Fünftausend Euro für fünf Zentimeter, ich fasse es nicht. Ich muss in den Westen. Ich muss!»

Ich setze noch einen drauf. Ich habe gelesen, dass es allein in den USA zwölf Millionen Yogaschüler gibt. Yoga aller Art. Sogar FKK-Yoga. Mit Sex habe das allerdings nichts zu tun, meinten die Nackten. Was ich damit sagen will? Da hat sich etwas getan. Da ist etwas gewandert. Von rechts nach links, von Ost nach West. Bei uns explodiert die Spiritualität, in Indien das Bruttosozialprodukt. Ein Pragmatiker wie Scarlets Yogalehrer würde im esoterischen Westen glatt verhungern. «Nee, bleiben Sie mal besser in Ihrem Land. Auch wenn's manchmal wehtut.»

Apropos manchmal: Während unseres Gesprächs kommt mir manchmal, aber wirklich nur manchmal, der Gedanke, ob Scarlets Yogalehrer ein kleines Entgelt für seine Hilfe, für seine Begleitung erwartet. Ein trauriger Gedanke, aus traurigen Erlebnissen geboren. Aber im «United Coffee House» kommt von ihm nichts dergleichen, und auf der Straße kommt auch nichts. «Ich würde Ihnen gern ein Taxi nach Hause spendieren», sage ich, als ich ihn am Connaught Place zum Bus begleite, aber er will nichts davon hören.

Der Connaught Place ist das Herz von New Delhi. Rund gebaut, in Blocks aufgeteilt und von einer sechsspurigen Straße umgeben, die gern auch zwölfspurig genutzt wird. Wir gehen durch die Kolonnaden und durch ein friedliches Nebeneinander von Alt und Neu. Das alte Indien ist draußen und verkauft an kleinen Ständen Schnürbänder, Postkarten, Kautabak und einzelne Zigaretten, das neue Indien ist drinnen und bietet in seinen Schaufenstern die kosmopolitische Vielfalt der Marken an. In welchem Indien werde ich ein Schweizer Messer finden? «Im Swiss-Knife-Shop, Block D», sagt Scarlets Yogalehrer und führt mich hin. Und nein, ich soll mich nicht für das große Rambo-Jagdmesser entscheiden, mit dem man Schneeleoparden Paroli bieten kann, sondern für ein mittleres, eher kleines Schweizer Kompakt-Überlebensprogramm. Eine solide Klinge, um Äpfel zu schälen, ein Flaschenöffner und ein Korkenzieher, das reicht, sagt

Scarlets Yogalehrer, und ich halte mich daran. Wenig später dann verschwindet der silbergraue Ehrenmann im Ozean der 1,2 Milliarden. Big Mother India hat ihn verschluckt.

3. Böse Tomaten

Es sind immer die Kleinigkeiten, die einen reinreißen. Die großen Fallen übersieht man nicht. Ich hatte im «United Coffee House» ein Tomatensandwich gegessen. Im Tomatensandwich sind Tomaten. Die Tomaten werden mit Leitungswasser gewaschen, ein Toaster hätte die Bakterien zu Tode gegrillt, aber ich hatte «untoasted» bestellt.

Die Magenkrämpfe beginnen am Abend, dann kommt das große Klappern, das Erbrechen und das Sonst-wie-im-Bad-von-Scarlets-Gästezimmer-Rumhängen. «Delhi-Belly», das ist was anderes als «Jingle Bells», aber so schlimm, wie meine Gastgeberin glaubt, ist es nun auch wieder nicht. Ich übertreibe ein wenig. Ich tue es aus Prinzip. Es ist eine Technik zur Beschleunigung des Krankheitsverlaufs. Delhi-Belly ist, wenn man Glück hat, eine leichte, und wenn man Pech hat, eine fette Diarrhöe. Aber sie ist keine Malaria. Sie ist kein Gelbfieber. Sie ist nicht tödlich. Die Technik zur Beschleunigung des Krankheitsverlaufs ignoriert das. Man stöhnt und jammert wie im Ernstfall. Laut vorgetragene Fiebermonologe machen Scarlets Bettruhe zu schaffen, glücklicherweise versteht sie kein Deutsch. Ich erkläre es mal Schritt für Schritt. Oder Phase für Phase. Oder Transformation für Transformation:

Am Anfang steht das Reingehen in den Schmerz, in das Leiden. Wer das richtig macht, weiß zwar noch, dass er nicht sterben wird, aber er weiß es nicht mehr hundert Prozent, und der nächste Schritt bringt dann folgerichtig das völlige Vergessen dieses Wissens mit sich. Würde Scarlet mich verstehen, könnte mir das später peinlich werden, denn ich bitte eine ganze Reihe von Menschen, an denen ich mich versündigt habe, um Verzeihung, nur sie nicht.

Zweite Phase. Sie ist angenehmer. Man stirbt nicht mehr. Man ist schon tot. Die Gesichter am Grab, die Tränen, die Nachrufe. Und? Alles geregelt? Ich glaube, Sie wissen, worauf ich hinauswill. Die Frage, ob alles geregelt ist, beinhaltet die Frage, ob alles geschafft worden ist, alles erfüllt wurde, abgeschlossen, wahr gemacht. Hat man es vollbracht? Oder gibt es da noch Buchpläne und Himalaya-Pässe-Schließungs-zeiten? Mit der Beantwortung dieser Fragen endet die Technik zur Beschleunigung des Krankheitsverlaufs, und der Gesundungsprozess fängt an.

Ich weiß nicht, was Fachleute von meiner Technik halten, aber normalerweise dauert eine Delhi-Belly mindestens eine Woche und nicht schlappe drei Tage, wie in meinem Fall. Und noch eine gute Nachricht. Scarlet findet durch einen Anruf beim staatlichen Tourist Office heraus, dass die Pässe länger offen bleiben. Ich habe drei Tage verloren und zehn gewonnen. So gesehen ist Krankheit nicht Schicksal, sondern Glück.

Das Glück, Amina näher kennen zu lernen, Scarlets Hausmädchen. Hausfrau wäre besser gesagt, Amina ist fünfzig oder so, obwohl man sich bei Indern der unteren Gehaltsstufen durchaus auch schon mal schwer irren kann, was ihr Alter angeht. Amina würde sich selbst nicht den unteren Gehaltsstufen zuordnen.

«Mam very goooooooood! Mam pay me 4000 Rupeeeee!»

Teilt man das durch fünfzig, hat man den entsprechenden Eurobetrag.

«Mam very goooooooooooood!»

Und:

«Amina very happiiiiiiiiiiiiiiiiiiii!»

Und dann singt sie den ganzen Tag. Das ist nicht so dahergesagt. Sie singt tatsächlich ununterbrochen. Und überall. So weiß man immer, wo sie ist. Sie singt sogar vor der Haustür. So hört man sie kommen. Und immer dasselbe Lied, wenn es überhaupt ein Lied ist und nicht irgendein Trallala, eine Art Vogelgezwitscher mit menschlicher Zunge vorgetragen. Amina zwitschert beim Abwasch, beim Bettenmachen, beim Teppichklopfen, beim Bodenwischen das Lob auf ihre Mam, vielleicht lobpreist sie aber auch direkt die Güte des Lebens oder die Güte ihres Gottes, in diesem Fall die Güte Allahs.

Witzig ist auch der Besitzer des Chai-Shops am Markt der Kolonie Nizamuddin. Besser gesagt: Seine Dekoration ist witzig. Werbeplakate, auf denen Unternehmen ihre Produkte mit den dazu passenden Göttern anpreisen. An der linken Wand hängt Shiva, an der rechten Ganesha. Einen Job des elefantenköpfigen Ganesha habe ich bereits erwähnt: «Überwinder aller Schwierigkeiten». Aber das ist nur ein Nebenjob, ein zweites Standbein sozusagen, hauptberuflich ist er der «Hüter der Schwelle» und wird auch so genutzt. Jedes von Hindus bewohnte Haus, jeder Palast, jede Hütte hat vor dem Eingang einen Altar für ihn, denn Ganesha lässt niemanden rein, der nicht rein soll, weder Mensch noch Dämon, nicht mal Götter.

Diesen Ruf erwarb er sich bereits in früher Kindheit, als er noch wie jeder kleine Junge aussah und einen Menschenkopf hatte. Seine Mutter, eine hochrangige, bildschöne Göttin namens Shakti, wollte in Ruhe baden und bat ihn deshalb, vor dem Badezimmer zu wachen und niemanden, aber wirklich niemanden reinzulassen, solange sie in der Wanne liege. Und wer kommt vorbei und will unbedingt rein? Der Gott auf dem gegenüber hängenden Plakat. Und Shiva ist nicht irgendwer. Shiva gehört zu den Big Players im hinduistischen Götterhimmel, zu den Großen Drei: Krishna ist der Schöpfer (Liebe), Vishnu ist der Bewahrer (Ordnung), und Shiva ist der große Zerstörer, der alles in Schutt und Asche legt, damit alles wieder von vorne anfangen kann. «Und wenn ich alles sage, dann meine ich alles, auch dich, du Knirps.» Ganesha hat darauf wahrscheinlich so etwas wie «Verpiss dich, Opi!» geantwortet, denn Shivas Reaktion war überzogen. Er schlug so heftig zu, dass der Kopf des Jungen nie mehr gesehen ward, und betrat daraufhin das Bad seiner Geliebten. Falls er gehofft hatte, sie erhöre nun sein Freien, muss er ziemlich frustriert gewesen sein, denn er hörte die liebliche Göttin nur «Scheiße, Scheiße, Scheiße» schreien, «das war mein Sohn, du Penner! Ich lass dich NIE wieder an mich ran!». Um sie zu beruhigen, versprach er ihr, dass er den Kopf des Nächsten, der vorbeikommt, abpflückt, um ihn ihrem Sohn aufzusetzen. Der Nächste war ein Elefant, und so kam Ganesha a) zu seinem Rüssel und b) zu seinem Titel, und c) liegt es auf der Hand, was man mit dem «Hüter der Schwelle» bewerben kann. Sicherheitsschlösser. Und was bewirbt man mit Shiva? Richtig, Presslufthämmer, Abrissbirnen und anderes Werkzeug fürs Grobe im Baugewerbe.

«Wenn die Inder mit ihren Göttern solche Scherze treiben, dann kannst du das auch.» Es gibt also einen neuen Plan. Scarlet schlägt vor, dass ein indischer Filmplakatmaler den Rücken meines Buches gestaltet. Er soll mich als Shiva malen.

«Warum Shiva?»

«Weil der Ganges sein Fluss ist. Er entspringt seinem Haar.»

«Und woher bekomme ich einen Filmplakatmaler?»

«Ich rufe einen an.»

Drei Stunden später ist der Mann da. Er wirkt überhaupt nicht wie ein Künstler. Er ist klein und völlig unscheinbar. Man sieht ihn kaum. Trotzdem ist es mir peinlich, als Scarlet ihm erklärt, was er malen soll. Aber für ihn scheint das ganz normal.

«Welche Position?», fragt er.

«Die klassische», antwortet Scarlet. «Und in klassischer Garderobe. Also Lotussitz und Tigerfell. Und Sie können ihn ruhig ein wenig muskulöser machen.»

«No problem», sagt der Filmplakatmaler. Er kann es für fünftausend Rupien in vier Tagen schaffen.

«Für viertausend in drei», sagt Scarlet, und das ist dann auch kein Problem.

Die Zeit des Wartens verbringe ich damit, Scarlet ein bisschen durch ihr Leben zu begleiten. Wenn es um Qualitätskleidung, Schuhe, Feinkost aus aller Herren Länder, Fotoarbeiten, Schmuck, Bücher, Arztbesuche oder Delhis besten Cappuccino geht, ist der Khan-Markt ihre erste Wahl. Nicht unbedingt in dieser Reihenfolge, und wahrscheinlich geht es ihr auch um alles auf einmal, weil der Khan-Markt atmosphärisch stimmt. Westlicher Standard in indischem Ambiente, und im «Café Barista» sitzen die Mädchen der gehobenen Mittelklasse so angezogen, wie MTV es will. Glückliche Inderinnen. Sie haben keinen Stress mit der Tradition. Saris werden ähnlich getragen. Indien ist seit sechstausend Jahren bauchnabelfrei!

Trotzdem, ich kann sie nicht ernst nehmen. Wo zum Teufel ist der orientalische Zauber hin, wenn plötzlich alle wie Britney Spears in ihrer Army-Phase aussehen? Weite Hosen, große Taschen, monströse Joggingschuhe, dafür sind sie viel zu schön. Eine ganz andere Geschichte ist, was die Nutten aus Bombay tragen, die in der Bar des «New Oberoi» zu finden sind. Scarlets Lieblings-Hangout am Abend. Das Hotel hat dieselbe Klasse wie das «Imperial», aber es macht nicht auf kolonial, hier führt zeitgenössischer Saus und Braus das Regiment. Also schwarzer Marmor statt weißem, und die Mandalas werden nicht im Foyer mit Blütenblättern ausgelegt, sondern mit Laserstrahlen auf den Swimmingpool gemalt. Mandalas sind für Hindus die grafische Übersetzung von Gott, und ich würde sagen, Indiens Gegenwart ist hoffnungsfroh. Die sagenhafte Zeit der Moguln kommt zurück. Reichtum, Macht, Intelligenz, Inspiration, Stil, jeder Schlüpfer hier ist drei

Monatsgehälter von Scarlets Hausmädchen wert, und zwölf, wenn er ausgezogen wird. Wir sitzen in fetten Lederpolstern und schauen durch eine haushohe Wand aus getöntem Glas auf den Pool hinunter, in dem das Spiegelbild des Mondes mit den Mandalas aus Laserstrahlen spielt, und nachdem ich mir ein bisschen Mut angetrunken habe, stelle ich die Frage, die mir zur Stunde auf dem Herzen liegt.

«Sag, Scarlet, berührt der Ganges irgendwo in seinem Verlauf das moderne Indien?»

«Nein, Darling.»

Am nächsten Abend setzt Scarlet noch einen drauf. Sie nimmt mich zu einer Modenschau mit, die von einer Whiskeymarke gesponsert wird. Vier große Designer des Subkontinents präsentieren ihre neuen Kreationen, aber alle sehen NUR auf die Frauen. Auf eine ganz besonders.

Nach der Schau macht mich Scarlet mit einem der Designer bekannt. Er will wissen, wie es mir gefallen hat. Ich antworte wahrheitsgemäß, dass seine Models in Mailand oder Paris alles vom Laufsteg putzen würden, was Beine hat. «Sie sollten nur nicht so blöde gehen. Catwalk ist nichts für Mädchen, die sich von Haus aus wie Schlangen bewegen.»

Der Modemacher lädt uns daraufhin zur Aftershow-Party ein, und, zack, kriegt Scarlet Migräne und will nach Hause, und weil der Weg so weit ist und so weiter, sei es besser, ich käme mit. Im Taxi beteuert sie, dass ich nichts verpassen würde. Die überirdische Schönheit dieser Models sei das Werk von Make-up-Künstlern, und die eine, die ich meine, die sei zwar in der Tat ein traumhafter Anblick mit ihren Katzenaugen aus Assam und ihren endlos langen Beinen aus dem Punjab, aber unglücklicherweise sei sie kokssüchtig und habe einen Freund, der auf den Partys Leute wie mich mit Feuerwaffen bedrohe. Das ernüchtert mich. Ein modernes Indien, das Kate Moss imitiert, ist keine Alternative zu der Kälte, die in 4000 Meter Höhe regiert. In 3895 Meter, um genau zu sein.

Ich kann es mir leisten, genau zu sein. Ich habe recherchiert, in schlaflosen Nächten, an der großen Indienkarte, die hinter Scarlets Schreibtisch hängt. Sie hat es nicht einmal gesagt, aber es war ziemlich schnell klar: Es gefällt ihr nicht, wenn ich an IHREM Schreibtisch sitze, was ich sogar verstehe, aber das ist jetzt wirklich reines Schreibergewäsch. Denn für uns ist der Schreibtisch das, was für Casanova das Bett war. Mit schlechtem Gewissen schleiche ich mich nachts dorthin, und weil das obere Drittel der Karte von der Schreibtischbeleuchtung wenig mitbekommt, zeichne ich, auf einem Stuhl stehend, den Weg, der vor mir liegt, mit dem Lichtstrahl einer Taschenlampe nach. Und sehe nur noch Zahlen. Die 3895 (Quelle) ist umgeben von 4460 (Tapovan), 6440 (Shivling), 7070 (Satopanth), und man kann die Grenzen Chinas sehen, von da, wo ich hinwill. Und was erschreckt mich daran? Ich sag es jetzt noch einmal. Und dann nie wieder:

ICH HASSE KÄLTE.

Der Filmplakatmaler kommt wie versprochen nach drei Tagen. Wir sind von den Socken. Und ich auch ein wenig erschrocken. Genau so könnte ich aussehen, nach dreißig Jahren an Hanteln und Wegdrück-Maschinen, selbst mein Gesicht hat er gut getroffen. «Nur dein Blick ist 'ne Spur zu lieb», sagt Scarlet. «So lieb bist du nicht. Und Shiva eigentlich auch nicht.» Der neue Shiva mit dem lieben Blick, auf Leinwand (1,5 × 1 m) und in Öl, muss jetzt nur noch digitalisiert werden, damit ich ihn an den Verlag mailen kann, und es ist mir natürlich wieder peinlich, das Bild bei «Foto Rama» am Khan-Markt abfotografieren zu lassen. Wären sie Moslems, würde es gehen, aber Rama ist ebenfalls ein Hindugott. Er spielt zwar eine Liga tiefer als Shiva, aber das interessiert hier nicht, denn wer sein Geschäft nach ihm benennt, ist Hindu, hundert Prozent. Was wird ein Hindu dazu sagen, dass sein Gott der Zerstörung mein Gesicht trägt? Das ist die eine Frage. Die andere: Was würde man in Bayern dazu sagen, wenn ein Inder ins Geschäft kommt und ein Bild von sich als Jesus mitbringt, am Kreuz, oder, besser noch, ein Inder, der gerade Lazarus von den Toten auferweckt?

4. Wenn hundert
Inder schnarchen

Mir scheint, dass sich die Welt in exakt zwei Hälften teilt. Jedes Land, jede Stadt, jeder Quadratmeter teilt sich so. Da ist immer ein Arschloch und immer ein Mr. Nice Guy. Nie kommt einer allein.

Das Arschloch im Zug Richtung Himalaya ist ein junger Punjabi, der mir das Rauchen verbieten will. Aber zwischen den Waggons rauchen sie alle. Nein, sagt der Punjabi, hier sind überall «No Smoking»-Schilder, und er zeigt dabei auf ein Schild, auf dem «Toilet Western Style» zu lesen ist. Auf dem Schild an der gegenüberliegenden Tür steht «Toilet Indian Style» und woanders «Push» oder «Pull». Nirgendwo hier zwischen den Waggons ist ein «No Smoking»-Schild angebracht, aber das irritiert den Punjabi nicht im Geringsten. «Dann haben sie es vergessen», sagt er. Ihn stört übrigens nicht, dass ich rauche, ihm geht es um Macht. Die Macht des Denunzianten. Er kann zum Schaffner gehen und mich verpfeifen. Aber der Schaffner ist schon da. Gerade gekommen. Die Schaffner haben Klappbetten zwischen den Waggons. Er klappt seins herunter und bietet mir an, Platz zu nehmen, damit ich im Sitzen weiterrauchen kann. Der Schaffner ist der Nice Guy des Quadratmeters. Und wer bin ich?

Ich bin ein Pilger auf dem Weg zur Quelle des Ganges und beschließe, wieder reinzugehen, um mir eine Mütze Schlaf zu holen. Genauso gut könnte ich versuchen, mich in das Italien der fünfziger Jahre zu beamen, um die blutjunge Sophia Loren zu ehelichen. Ich habe seit meiner Ankunft in Indien nicht mehr richtig geschlafen, und der Waggon hat keine geschlossenen Abteile, sondern offene Kojen mit jeweils drei Betten. Unten, Mitte, oben. Ich liege Mitte, und hundert Inder schnarchen. Ich stehe wieder auf, um noch eine zu rauchen, doch das ist auch nicht mehr so toll, denn bei den Toiletten hat sich inzwischen etwas getan. Sie riechen nicht mehr, sie stinken nicht, sie sind wie ein Messer in der Nase, außerdem hat sich ein Volk von Kakerlaken über das Waschbecken ergossen. «Gewöhn dich schon mal dran», sagt eine Stimme in mir.

Ich probiere es ein zweites Mal mit dem Schlafen. Stattdessen wieder dumme Gedanken. Sind Reiseschriftsteller über fünfzig ein ähnliches Phänomen wie Zuhälter über fünfzig, die auch nicht gut gewirtschaftet haben? Das ist ein Thema. Ein anderes: Wie oft will ich eigentlich noch versuchen, meine erste Reise zu wiederholen, um ein paar lumpige Momente abzustauben, die ihr gleichkommen? Beide Themen werden natürlich durch das Rattern des Zuges losgetreten, denn diese Musik begleitet mich seit dreißig Jahren. Mit siebzehn aufgebrochen, mit fünfzig noch immer nicht angekommen?

Während ich mich diesen Blödsinn frage, schiebe ich hin und wieder das Rollo vor dem Fenster zur Seite, um eine Nacht in Indien zu sehen. Da sind Feuer irgendwo und gelbe Lampen, die ein Stück Hütte sichtbar machen, und wenn wir halten, sehe ich Affen auf den Bahnsteigen, die wie Hunde herumlaufen. Ansonsten rattern wir durch Zuckerrohrplantagen.

Ein weißer Schwan wartet auf mich, nachdem ich aus dem Zug gestiegen bin. Man kann sich natürlich darüber streiten, ob Schwan das richtige Bild für einen Ambassador ist. Die Karosserie ist strikt fünfziger Jahre, sie erinnert mich an einen kleinen, etwas bäuerlich ausgefallenen Wartburg. Bäuerlich, weil der Motor eigentlich besser zu einem Trecker passt oder zu einem Panzer, was große Vorteile hat, denn der Volkswagen Indiens kommt überall durch. Er ist für Schlaglöcher, Spurrillen und Schlammlöcher gebaut. Es gibt ihn in zwei Versionen. Die zweite heißt «de Luxe» und ist für Menschen entwickelt worden, die größer als 1,50 Meter sind. Bleiben wir fair. Größer als 1,65 Meter. Im Ambassador de Luxe klebt mein Kopf nicht am Dach. Trotzdem besteht kein Grund für Leichtsinn. Die Stoßdämpfer sind auch im de Luxe fürs Mithüpfen gemacht. Also, das Taxi ist okay, der Fahrer auch. Er sagt, dass er bis Gangotri keine fünfzehn Stunden braucht, sondern nur zehn, und froh gestimmt brechen wir auf.

Wir fahren, vom Ausgangspunkt am Fuß des Himalaya bis zu unserem Ziel, durch eine der schönsten Landschaften der Welt, doch davon sehe ich nichts, denn ich liege in Embryohaltung auf der Rückbank und dämmere vor mich hin. Schlafen kann ich noch immer nicht, aber ich genieße etwas, das dem ähnlich ist. Ich mag deshalb hier auch nicht mit exakten Zeitangaben trumpfen. Nach gefühlten vier Stunden richte ich mich wieder auf. Teeplantagen wellen sich die Berghänge hinauf, und Adler kreisen, es ist ein fast unwirkliches Bild, so als ob man in eine überdimensionale Postkarte fallen würde. MANN, DU BIST IM HIMALAYA, sagt eine Stimme in mir, ALSO REISS DIE GLUBSCHER AUF, und eine andere Stimme sagt, leg dich wieder hin, mein Freund, und weil sie so freundlich spricht, höre ich auf sie. Der Fahrer spricht glücklicherweise überhaupt nicht mehr. Dafür hupt er. Vor jeder Kurve. Es gibt nur noch Kurven. Und tausend Kurven später sagt er: «Lunch!»

Uttarkashi ist die letzte Stadt vor den Pässen. Ich sehe nicht viel von ihr, weil Lastwagen, Busse und Pkws die Sicht auf die Details versperren, die meisten parken, wie wir. Alle wollen essen. Ich nehme ein einfaches Gericht zu mir, Reis und Dhal (Linsen), in der Hoffnung, dass mein Magen solche Sachen wieder mitmacht, zur Sicherheit schütte ich noch eine Cola hinterher. Coca-Cola, das wurde jahrzehntelang nicht bedacht, hat eine heilende Wirkung bei leichten Magenverstimmungen, und bei schweren wird es zur Nachbehandlung empfohlen.

Währenddessen hört der Fahrer nicht damit auf, seine Uhr zu betrachten. Was hat der Mann? Es ist erst sechs Uhr nachmittags, und es sind nur noch achtzig Kilometer bis Gangotri. Der soll sich nicht in die Hose machen. Oder geht's ihm lediglich darum, möglichst schnell seinen Job durchzuziehen, ungeachtet meiner Bedürfnisse? Würde ich keinen Wert darauf legen, Anzahl und Länge der Pausen selbst zu bestimmen, hätte ich den Bus genommen. Ich will noch eine rauchen, Mann, und noch eine, und inzwischen starrt er mich so wütend an, dass man glauben könnte, er wolle mir eine knallen. Die Wut schwitzt ihm aus dem Gesicht, aber er sagt nichts. Und wer, frage ich Sie, ist das Arschloch und wer der Mr. Nice Guy an diesem Tisch?

Ich bin das Arschloch, ganz klar, mir wird es eine Stunde später offenbar, der Mann ist im Recht. Die Sonne hat gerade mit einem dramatischen Untergang bewiesen, was Gott so an Farben draufhat, wenn er in Stimmung ist, und auch der Ambassador muss beweisen, was er kann. Die Straße ist der Hit. Vier Wochen zuvor hat sie ein zu später und zu starker Monsun weggespült; was davon übrig geblieben ist, schreit nach Maultier oder Geländemotorrad, aber der weiße Schwan bleibt tapfer, im ersten Gang, manchmal im zweiten. Es ist eine Qual, für Maschine, Fahrer und auch für mich, für mich allerdings nur mental, die Straße ist schmal, an einigen Stellen fast schmaler als der Ambassador, und sie führt eigentlich nur an Abgründen entlang, Schluchten genannt, ab und zu fahren wir über Asphalt, meistens aber nicht, und immer wieder wird die Straße von Bächen gekreuzt. Oder von Steinlawinen. So viel zum Zustand des Verkehrsnetzes in dieser Region. Mittlerweile sind wir auf 2500 Meter. Ich packe die warmen Klamotten von Benetton aus und beginne mich umzuziehen. Ich bin stolz auf mich. Ich bin so professionell. Und die Sterne strahlen so hell.

Trotzdem kommen die Sorgen zurück. Ich hatte sie nur unterdrückt. Sobald ich in Gangotri bin, werde ich mich erkundigen, ob der Trek in zwei Tagen zu machen ist. Wenn ja, heißt das vierundzwanzig Stunden weniger frieren für mich. Und werde ich heute Nacht schlafen können? Oder werde ich einfach so lange wach bleiben, bis mir die Birne durchbrennt? Der Fahrer stoppt. Dreißig Meter vor uns knallen Felsbrocken auf die Straße.

So geht es noch ein paar Stunden. Wir kommen nur im Schritttempo voran, und es wird immer kälter, und beides zusammen und noch viel mehr zwingt mich zur Konzentration. Ich beginne mich einzuklappen. Alle Sinne nach innen und den unsichtbaren Schutzschild aktiviert. Man kann es auch ganzheitliches Schweigen nennen. Vom Himalaya sehe ich nur, was die Nacht preisgibt. Ein bisschen Wasserfall, überhängende Felsen, Spurrillen und Geröll im Lichtkegel der Scheinwerfer. Hin und wieder Gestalten. Pilger? Einheimische? Räuber?! Der «Lonely Planet» warnt vor diesen Pässen nach Anbruch der Dunkelheit. Soll ich das Schweizer Messer aus dem Rucksack holen? Und wenn ja, wer, außer einem Apfel, soll sich davor fürchten?

Gangotri, in einem schmalen Tal eingeklemmt, ist noch wach, als wir ankommen. Nur die Busse schlafen, die Jeeps und die Ambassadors. Mein Fahrer stellt sein Taxi dazu, schnappt sich eine Decke und macht es sich auf der Rückbank für die Nacht bequem. Ich nehme meinen Rucksack und gehe die einzige Gasse entlang, die dieser Ort anzubieten hat. Rechts und links kleine Restaurants, Gästehäuser und Shops mit Devotionalien und warmer Wäsche. Stimmen fliegen mich an. «Room? Guide?» Ich höre nicht hin. Ich will erst einen

Tee und eine Zigarette und dann selbst nach einem Gesicht sehen, dem ich vertrauen kann. «Room? Guide?» Nee, lass mich in Ruhe. Noch nicht. «Room? Guide?» Und jetzt sehe ich sein Gesicht. Und seine Augen. In ihnen ist Mitgefühl, Hilfsbereitschaft, Verständnis. Und ich habe Menschenkenntnis. Man reist nicht dreißig Jahre durch die Welt, ohne IRGENDETWAS davon mitzunehmen. Ich vertraue dem Jungen auf Anhieb, vielleicht auch, weil er mir auf Anhieb sympathisch ist. Ich bleibe stehen.

«Du bist ein Führer?»

«Yes, Sir.»

«Du bringst mich zur Quelle?»

«Yes, Sir.»

«Wie lange brauchen wir?»

«Drei Tage.»

«Geht es auch in zwei?»

«Yes, Sir.»

«Dann lass uns was essen gehen.»

Der Junge heißt Vinod. Man braucht nur das d wegzunehmen und an rosso oder bianco zu denken, und der Name wird unvergesslich. Ich beglückwünsche mich. Er spricht Englisch, er ist intelligent, er bittet mich während des Essens um meine Landkarte, damit er mir die Route zeigen kann. Als ich ihm sage, dass ich keine habe, bittet er mich um einen Kugelschreiber. Er zieht damit einen einfachen Strich auf meinem Block, ohne viele Zacken und Kurven. Er markiert sechs Punkte an dieser Route, schreibt die Namen daneben und die jeweilige Höhe über dem Meeresspiegel. Dazwischen die Kilometerangaben. Von Gangotri (3090 Meter) bis Chirbasa (3600 Meter) sind es neun Kilometer, weitere fünf Kilometer sind es bis Bhojbasa (3800 Meter), wo wir schlafen werden, und noch einmal vier bis Gaumukh (3895 Meter). Gaumukh ist die Quelle, deshalb interessieren mich die letzten beiden und noch höher gelegenen Punkte auf der Route, Tapovan und Nandanvan, glücklicherweise nicht mehr.

Nun erklärt mir Vinod, wie wir es in zwei Tagen schaffen können. Es ist ganz einfach. Wenn ich nicht darauf bestehe, einen ganzen Tag an der Quelle zu bleiben, wie es alle tun, sondern nur, sagen wir, eine Stunde, sind wir übermorgen wieder hier. Das ist die gute Nachricht. Die schlechte: Sie haben keine Bananen in dem Restaurant. Darum wird aus dem Banana Porridge nichts. Sie haben auch keine Heizung. In Gangotri gibt es nirgendwo eine Heizung. Und nirgendwo fließt warmes Wasser aus der Leitung. Ich presse meine Finger um die Tasse mit der heißen Honigmilch. «Hör mal, Vinod», sage ich, «kann man dich auch mal was Illegales fragen?»

5. Endlich Haschisch

Komisch, ich hatte es vergessen. Ich hatte seit meiner Ankunft in Indien nicht mehr gekifft, das hat wenig mit guten Vorsätzen und viel mit bösen Umständen zu tun. Im Bahnhofsviertel von New Delhi arbeiten die Dealer entweder mit der Polizei zusammen, oder sie sind selbst Polizisten, und die Wahrscheinlichkeit, verarscht zu werden, liegt nicht bei 50:50, sondern bei 80:20. In der Regel geht es um Geld, viel Geld, etwa alles, was du hast. Irgendwelche anderen Motive haben die Polizisten nicht. Sie kiffen ja selbst. Hast du nichts oder zu wenig, um dich rauszukaufen, kommst du für eine Menge, die bei uns mehr oder weniger legal ist, minimum zwei Jahre in den Knast. Wer es überlebt, ist anschließend ein Wrack. Über die Interventionen deiner Botschaft lacht man sich schlapp. Was soll das? Erst mit Wirtschaftssanktionen drohen, falls Indien Drogenanbau und -handel nicht konsequenter bekämpft, und dann jammern, wenn sie Ernst machen? Bei diesem Stand der Dinge auf den einschlägigen Straßen indischer Großstädte Haschisch zu kaufen ist deshalb entweder ein Zeichen von großer Dummheit, großem Leichtsinn oder großer Sucht.

Da ich aus einer Geistesschule stamme, die in allem das Positive sucht, fand ich es gut, mir wieder einmal beweisen zu können, dass ich nur ein bisschen süchtig bin. Es dauert zehn Tage. So lange braucht der Stoffwechsel, um sich des Haschischs zu entledigen. In diesen zehn Tagen ist man im Minus. Nüchterner als nüchtern, erwachsener als erwachsen, ständig schlecht gelaunt, und man kann nicht schlafen. Das hatte ich vergessen, und das war das Problem. Ich suhlte mich in Aggressionen, Depressionen und finsteren Visionen, und niemand stand hinter mir und sagte: «Hey, Junge, das macht man nicht. Man denkt nicht über sein Leben nach auf Drogenentzug.» Das Bewusstsein dafür kam erst zurück, nachdem ich den Joint geraucht hatte, dann aber schlagartig.

Ich bin inzwischen in einem Guesthouse, und Vinod hat einen Freund mitgebracht, der den Krümel auspackt, und hätte er es nicht gemacht, würde ich das Zimmer in etwa so beschreiben: nackte Wände, nackter Boden, zwei Doppelbetten, zwei dicke, aber klamme Decken, eine nackte Glühbirne, Eis im Wasserhahn. Na, gute Nacht. Nach dem Joint kann ich es eigentlich auch nicht anders beschreiben. Haschisch vollbringt keine Wunder. Ich habe keine Halluzinationen. Aus den «nackten» Wänden werden jetzt nicht «einfache» oder «naturbelassene», und dasselbe gilt für die Kälte. Ich finde sie nicht auf einmal erfrischend. Mir ist frisch genug. Nein, nichts hat sich in Gangotri verändert, nur weil ich den ersten Joint nach zehn Tagen geraucht habe, absolut nichts, bis auf eine Kleinigkeit:

Ich gehe vor die Tür. Das Guesthouse steht in dritter
Reihe am Hang, und ich habe einen guten Blick über
den Pilgerort. Weil er nicht an das landesweite Strom-
netz angeschlossen ist, sondern eigene Generatoren
hat, wird um diese Zeit an allem gespart, was Elektri-
zität braucht, um Lärm zu machen. Keine Musik, kein
Fernsehen, kein Radio. Es gibt auch keine Autos, Mo-
torräder oder Mofas, merkwürdigerweise bellen keine
Hunde; dass auch niemand Gitarre spielt, ist dagegen
bei den Temperaturen normal. Absolute Stille, abso-
luter Himalaya. Da sind die Gipfel, zum Greifen nah.
Scharf umrissen in einem Sternenhimmel der Güte-
klasse 1 a. Gangotri ist der zweitheiligste Ort Indiens.
Zum heiligsten, Gaumukh, wird mich morgen Vinod
führen. Danke, lieber Gott, und weil ich nicht nur laut
danke, sondern auch schwanke, kommt Vinod raus,
um nach dem Rechten zu sehen. Er fasst mich am Arm.
«Problem?», fragt er. «No problem», sage ich. Wieder
gefällt mir sein Blick. Da ist Besorgnis und Respekt. Als
er gegangen ist, lege ich mich angezogen unter BEIDE
Bettdecken und frage mich, warum ich noch immer
nicht schlafen kann, obwohl ich den Haschischentzug
abgebrochen habe. Antwort: Ab sofort ist es eine Hö-
henschlaflosigkeit. Ab sofort halten die Berge wach.
Lustig ist das Pilgerleben, denke ich.

Der Morgen bringt wieder Licht, Banana Porridge und
Kaffee, allerdings in umgekehrter Reihenfolge, und
dann wird es auch noch fast warm. Vinod schnappt
sich meinen Rucksack, ich trage nur eine ungewöhn-

lich leichte Laptoptasche, denn ich hatte mich vor meiner Abreise entschieden, mit dem Diktat von Apple Schluss zu machen. Eigentlich eine Frechheit. Mehr als zwanzig Jahre brauche ich für mein Handwerk nur einen Block und einen Kugelschreiber, und wenn ich mal ausnahmsweise nicht ausschließlich an mich denke, sondern an alle, dann werden daraus dreitausend Jahre, die mein Berufsstand ohne Textprogramme ausgekommen ist. Die «Ilias», «Faust», «Der Schatz im Silbersee», sogar «Der Herr der Ringe» wurden vor der Erfindung des Powerbook geschrieben, und jetzt sagen sie, ich brauche minimum zweitausend Euro, um einen Satz zu formulieren? Leckt mich doch.

Dank der leichten Tasche und des überaus schönen Morgens gebe ich ein zügiges Tempo vor, aber hundert Meter weiter ist damit Schluss, denn hundert Meter weiter heißt hier dreißig Meter höher, also nicht mehr 3049, sondern 3079 Meter über null, und ich kann a) kaum noch atmen, und b) scheint in der Tasche jetzt doch der Laptop zu sein. Wenig später überholen uns Schnecken. Was die Landschaft angeht, muss ich passen. Ich habe immer Probleme mit Landschaftsbeschreibungen, es sei denn, die Gegend ist hässlich. Über Hässliches, Abartiges, Fertiges schreibt es sich praktisch wie von selbst. Aber Schönheit ist schwierig, und je schöner das Schöne daherkommt, desto mutloser werde ich. Was das Schreiben angeht, nicht das Erleben. Mit allen Sinnen, die mir noch verblieben sind, sauge ich ganzheitlich am Himalaya.

Ich will es mal so sagen: Die Berge waren nie mein Ding. Ich bin ein Freund der Küstenregionen, der Wüsten und der wüsten Städte, von daher weiß ich nicht, ob es in den Alpen ähnlich aussieht. Ich habe gehört, dass es dort wenige Ecken gibt, wo man in dieser Höhe spazieren gehen kann, vielleicht stimmt's, vielleicht stimmt's nicht, für mich ist es jedenfalls das erste, nein das zweite Mal, dass ich erhabene Schönheit sehe, und für mein Empfinden ist erhaben noch eine Stufe höher als gewaltig. Der Fairness halber muss ich auch erwähnen, was mit meinem Gehirn los ist. Es ist zu großen Teilen ausgeschaltet. Sauerstoffarmut macht reich an innerem Frieden. Ich habe das, wie eben erwähnt, schon einmal erlebt. Vor drei Jahren, in Nepal. Ab einer Höhe von dreitausend Metern meditiert man automatisch und von selbst. Es braucht keine Anstrengung mehr, keine Konzentration, keine Technik, keine Drogen, nicht mal den Wunsch danach braucht es. Es passiert einfach. Das Gehirn schaltet um. Auf Notaggregat oder auf seine Kernfunktion, wer weiß das schon.

Habe ich nicht ein paar schwierige Tage hinter mir? Bin ich nicht komplett zerrissen gewesen? Hier wird es wieder zusammengeklebt, und zwar mein ganzes Leben. Alle Risse. Über nichts in meiner Vergangenheit bin ich noch traurig. Über nichts mehr wütend. Weil sich alles zu einem Sinn zusammenfügt. Und wenn solcherlei Wohltaten mit der Vergangenheit geschehen, löst sie sich letztlich auf, was übrigens auch mit den Angelegenheiten der Zukunft passiert. Das Gehirn hat einfach nicht mehr genügend Sauerstoff dafür. Er reicht nur für die Gegenwart, und innerhalb der Gegenwart nur für den Moment.

Ich gehe in diesem Moment und auf diesem Pfad, und der Pfad schlängelt sich am Rande eines Tals beständig weiter nach oben, und noch sehe ich Wald und grüne Blätter, auch rote, rostrote, kastanienrote, sogar die Farbe Lila kommt wiesenweise vor, und etwa alle dreißig Minuten gibt es ein Zelt mit Tee und Matratzen, auf die man sich legen kann. Ob ich Reis und Dhal will, fragt mich Vinod, oder eine Fertigsuppe oder Spaghetti aus der Tüte. Die gastronomische Vielfalt entspricht den Gästen oder, besser, den potentiellen Gästen, also jedem, der vorbeigeht, und das sind halt Menschen jeder Art.

Ich habe Glück, dass ich nicht zur Hochsaison hier bin, im Frühling, wenn Pilgermassen sich den Pfad hoch- und runterschieben, mein Glück ist die baldige Schließung der Pässe, und mein Glück ist, ich sag es ungern, die Kälte. Inder hassen sie wie ich, und es sind nicht viele unterwegs, vielleicht so zwanzig bis dreißig Pilger ziehen im Abstand von Minuten einzeln oder in Paaren an dem Teezelt vorbei, einige Inder, zwei Schweizer, ein Italiener, der Rest kommt aus Israel. Als mich Vinod fragt, was ich von Israelis halte, sage ich, ICH LIEBE ISRAELINNEN, und für eine ausführlichere Beantwortung dieser Frage fehle es mir jetzt tatsächlich an Atem und ob er nicht wisse, dass ich Deutscher bin und als Deutscher eigentlich überhaupt kein Recht auf eine Meinung über Israelis habe. Ich bin nicht blind, natürlich weiß ich von meinen Reisen der letzten dreißig Jahre, dass der endlose Zug der jungen, gerade aus der Armee entlassenen Israelis über die alten Hippiepfade Asiens unbedingt eine Geschichte wäre. Sie reisen nur in großen Gruppen, und zwar in noch größeren als die Japaner, aber im Gegensatz zu den Japanern lassen sie sich nicht verarschen. Darum sind die Japaner hier beliebter, Vinod, das ist mir schon klar, und klar ist auch, dass ein Tourist, der vor ein paar Wochen noch Offizier der härtesten Armee der Welt gewesen ist, einen anderen Ton gegenüber seinem Guide anschlägt als zum Beispiel ich.

Es gibt allerdings auch keinen Grund für mich, da mit den Israelis gleichzuziehen, denn Vinod verhält sich hundertprozentig korrekt. Er warnt mich vor Milch, weil sie einen in diesen Höhen schwächt, und empfiehlt stattdessen Zitronentee, und siehe da, er hat Recht, er passt sich meiner Geschwindigkeit an und akzeptiert jede Pause, er nimmt auch noch meine leichte Tasche, er hält meine Hand, wenn wir über Baumstämme balancieren, er ermahnt mich, Wasser zu trinken, er nötigt mich zu essen, nee, Vinod ist okay, so okay, dass ich ihn mit einer alten Idee vertraut mache. Der Idee, den alten Pfad zu gehen. Ein indischer Dokumentarfilmer hat mir vor Jahren davon erzählt. Nur die Wandermönche, die Sadhus, gehen ihn und die Hirten. Der Pfad führt von Gangotri bis Rishikesh, also den ganzen Himalaya runter. Hat Vinod davon gehört? Er hat, mehr noch, er kennt ihn. Er ist ihn schon ein paarmal gegangen. Es sind 220 Kilometer, und man braucht zwischen zehn und fünfzehn Tagen. Für den Weg, auf dem wir gerade sind, hatte ich ein Tageshonorar von fünfhundert Rupien akzeptiert, für den alten Pfad nach Rishikesh biete ich ihm siebentausend Rupien als Pauschale an. In Vinods Augen passiert etwas. Sie flammen auf, und sie weiten sich. «Aber wir haben noch ein bisschen Zeit, und ich will es mir in Ruhe überlegen. Und was, Vinod, werde ich am Wegesrand sehen? Nur Dschungel?»

«Manchmal Dschungel, manchmal Dörfer.»

«Und wo werden wir schlafen?»

«Bei den Hirten.»

Was für ein Abenteuer! Dschungel, Schluchten, Hütten, Schlafen an Feuern, Duschen unter Wasserfällen. Das ist altes Indien vom Feinsten, das ist eine Zeitreise, das ist eine Geschichte, die man verkaufen kann. Allerdings, und auch das wird Thema, es gibt Gefahren. Der «Lonely Planet» warnt ausdrücklich vor diesem Pfad. Immer wieder gehen Trekker auf ihm verloren. Sie verschwinden einfach. Werden nie mehr gesehen, nicht mal die Knochen. Der «Lonely Planet» vermutet, es liegt an den Drogenschmugglern, die den Pfad nach Rishikesh traditionell ebenso benutzen, wie es die Sadhus und Hirten tun, und natürlich auch an den Räubern. Ich konfrontiere Vinod mit diesem Problem. Werden wir auch böse Menschen unterwegs treffen? Vinod sagt, ja, das werden wir, aber es sei kein Problem, denn er kenne sie alle.

Inzwischen haben wir die Baumgrenze hinter uns gelassen, es gibt keine Wälder mehr, auch der Pfad wird schwer, manchmal schmiegt er sich eng um einen Felsen, manchmal klettern wir, manchmal müssen wir von Stein zu Stein springen, um breite Bäche zu überqueren, und das wird immer anstrengender, denn die Luft wird immer dünner, und ich kann mir auch vorstellen, was ein 8000er-Mann wie Reinhold Messner über mich denkt, wenn er liest, wie es mir auf 3700 geht, ich nehme an, es ist in etwa dasselbe, was ich über ihn als Schreiber denke. Großer Gott der Berge, da sind Amateure unterwegs, trotzdem schaffen wir es und erreichen Bhojbasa, bevor die Sonne untergeht.

Das Bild, das sich mir nun bietet, kenne ich von meinem Shiva-Plakat. Hier ist das Original. Ein kleines Tal, gänzlich ohne Baumbestand, eingerahmt von vier fetten Gletschern. Nur Steine, Geröll und ein bisschen Erde hier und da. In der Mitte des Tals stehen zwei Gebäude, das rechte ist ein Ashram, das linke ein Guesthouse für Pilger mit einem Gemeinschaftsschlafsaal. Aber ich soll in einem Zelt schlafen, weil Vinod das für besser hält, warum, weiß ich nicht. Es steht oben am Hang, wo auch die Zelte sind, in denen die Guides, Träger und Maultierführer schlafen. Diese Zelte sind für sie gleichzeitig Teestube und Restaurant.

Mir ist nicht nach Geselligkeit. Ich stelle einen ihrer Plastikstühle neben mein Zelt und ziehe mich wieder vollständig an. Während des Tages hatte ich mich manchmal bis aufs T-Shirt ausgezogen, aber jetzt ist die Sonne im Begriff «Hasta la vista, Baby» zu sagen, und das ist auf – mittlerweile – 3800 Metern in der Tat ein schmerzhafter Abschied. Zwei lange Unterhosen, eine Jeans, zwei Unterhemden mit langen Ärmeln, ein Hemd, ein Rollkragenpullover, zwei warme Jacken, darüber und einmal drum herum den Schlafsack, so sitze ich auf dem Plastikstuhl, und weil Scarlet beim Abschied ein Schatz gewesen ist, habe ich sogar eine Wärmflasche.

Ich rufe Vinod und bitte ihn, sie mit heißem Wasser füllen zu lassen. Er kommt zurück mit warmem Wasser. Nein, sage ich, heiß, sie sollen es kochen lassen. Er kann es kaum glauben. Ich lege die kochend heiße blaue Wärmflasche unter den Schlafsack an meinen Bauch, presse die Hände drauf und hoffe so, in meiner Mitte einen Hitzekern zu schaffen, der ausstrahlen wird, was er auch tut, nur bis zu den Füßen kommt er nicht. Also nehme ich die Füße mit auf den Stuhl. Ich erwähnte, glaube ich, schon irgendwo, dass ich seit vielen Jahren meditiere, und wenn ich es noch nicht erwähnt habe, dann tue ich es jetzt. Ich beherrsche den Lotussitz (beide Füße auf den Oberschenkeln) für wenige Minuten, den Heldensitz (ein Fuß auf dem Oberschenkel) für gut eine Stunde und den einfachen Schneidersitz für ewig. Auf diese Weise wärmt die Wärmflasche Füße, Bauch und Hände gleichzeitig, und so halte ich's aus.

Die Sonne ist derweil dabei, sich endgültig von den Gletschern zu verabschieden, von dem höchsten zuletzt, oder ist es nur der nächste, ich weiß es nicht. Jedenfalls liegt nur noch seine Spitze im Sonnenlicht. Sie glüht auf, dann ist das Licht weg. Vinod kommt und sagt, das Essen sei fertig. Ich will nicht essen, sage ich. Doch, du musst essen. Also füge ich mich.

Das Essen ist noch nicht fertig. Vinod will mich nur der Einsamkeit entreißen. Da ticken die Inder grundsätzlich anders als ich. Sie können nicht allein sein, sie wollen nicht allein sein, und einen Freund, einen Gast, einen Klienten, mit dem man freundschaftlich verkehrt, allein zu lassen gilt als grobe Unhöflichkeit. Also, das Essen wird noch gemacht, und ich frage mich: wie? Zwei Kerzen und die Flamme des Gaskochers sind die einzigen Lichtquellen in diesem großen Zelt. Was im Topf kocht, kann der Koch einigermaßen erkennen, aber nach rechts und links greift er nach meinem Dafürhalten komplett ins Dunkle. Und ich habe bereits zwei Ratten gesehen. Eine hier und eine in meinem Zelt. Vinod sagt, das sei nicht schlimm, die Ratten blieben grundsätzlich unter den Gestellen, auf denen die Matratzen liegen.

Als das Essen dann fertig ist, koste ich nur zaghaft davon. Ich kann kaum sehen, was ich esse. Es schmeckt nach Reis, Gemüse und kleinen Steinen, das heißt, ich hoffe, dass es kleine Steine sind und nicht Mäusekot oder gar der Kot der Ratten. Bei der Kälte wird der mit Sicherheit auch steinhart. Alle anderen jedoch langen herzhaft zu, sie verputzen riesige Portionen, und das zu Recht. Sie haben die Rucksäcke der Touristen getragen, manchmal tragen sie auch zwei, denn hin und wieder wollen Touristen sparen. Harte Arbeit, gutes Geld. Fünfhundert Rupien pro Tour, die Saison geht von April bis Ende Oktober, in drei Tagen ist sie zu Ende, dann reisen alle zurück nach Hause, nach Manali, Kaschmir, Assam, Nepal, denn Vinod ist der Einzige, der aus der Gegend kommt, obschon er wie alle anderen aussieht. Klein und schlank und dreckig, aber Muskeln wie Bruce Lee. Also nicht die dicken, sondern die, die wie Stahlseile sind.

Der Chef des Zelts stellt sich plötzlich vor mir in Positur. Er hat einen Block in der Hand und liest laut in einer Sprache vor, die mir gänzlich unbekannt ist. Er liest noch einmal und noch einmal, und irgendwann schält sich ein «Guten Abend» heraus, besser, eine Ahnung davon, und dann, wieder nach etlichen Anläufen, verstehe ich «Woher kommen Sie?», was natürlich nur eine rhetorische Frage ist, denn die Tatsache, dass der Mann deutsche Sätze von seinem Block abliest, lässt ja irgendwie darauf schließen, dass er über meine Herkunft bereits im Bilde ist. So plätschert die Unterhaltung dahin, und alle nehmen daran teil. Die Träger wiederholen einfach, was der Mann vorliest, und sagen jeden Satz mehrmals, und dasselbe tun sie mit meinen Antworten, Einwürfen und Korrekturen. Sie machen das weniger aus Wissbegierde, sondern erneut aus Höflichkeit. Einen Gast, den man nicht in das Gespräch einbezieht, lässt man allein. Es werden Tee und trockene Plätzchen gereicht, und einer hat ein Transistorradio im Zigarettenschachtelformat, an dem er so lange fummelt, bis Fetzen von Hindi-Pop das Zelt mit Fröhlichkeit erfüllen.

Im Prinzip können es Leute wie diese sein, die du auf dem alten Pfad nach Rishikesh triffst, denke ich. Leute wie diese können, wenn die Saison als Guide vorbei ist, auch als Drogenschmuggler arbeiten, oder als Räuber, kommt auf den Zufall an, oder darauf, ob ihnen danach ist. Vinod hat Recht. Bei Leuten wie diesen gibt's kein Problem, wenn man sie kennt und mit ihnen kann, denn Leute wie diese sind eigentlich ganz nett.

Die Nacht wird zunächst fürchterlich. Ich liege zum Quietschen wach unter einem Haufen Decken, starre in die absolute Dunkelheit und hoffe, dass mir keine Ratte ins Gesicht springt. Für den Fall, dass das doch geschehen sollte, habe ich mir den Schal über das Gesicht gelegt. Und ich habe einen Anflug von Übelkeit und Magenkrämpfen. Mir scheint, dass mein Magen sich noch nicht ganz entschieden hat, ob er die Mahlzeit von eben verkraftet oder nicht. Es winken zwei Extreme: Entweder es geht gut, und ich kann ab sofort ALLES in Indien essen, oder es geht nicht gut, und dann habe ich ein echtes Problem. Eine Diarrhöe in Scarlets Gästebett ist eine blöde Krankheit, aber eine

Diarrhöe hier oben ist tödlich, weil man beim Kotzen erfriert. Man wird deshalb meine Erleichterung verstehen, als ich mitbekomme, dass mein Magen den Zweikampf mit dem Abendbrot zu gewinnen beginnt.

Ich beschließe, das zu feiern und vor dem Zelt eine rauchen zu gehen. Das ist der beste Entschluss meines Lebens. Der Glanz des Mondes liegt in dem Himalayatal wie in einer Schale. Die Gletscher reflektieren sein Licht. Außerdem am Himmel: dreihundert mal dreihundert Trilliarden Sterne. Die ganze Kuppel. Und näher als gewohnt. Zum Greifen nah ist das Universum auf dem Dach der Welt.

Sofort nach Sonnenaufgang brechen wir auf. Der Pfad führt uns aus dem Tal heraus, und bald besteht die Welt nur noch aus Steinen. Es geht ständig bergauf. Wohin? Ich habe es fast schon vergessen. Ich bin gut drauf und putzwach, obwohl ich wieder kaum geschlafen habe, und auch mein Magen ist als Held aus der Prüfung hervorgegangen. Die surrealistische Gegend, die Luft, die wie eine Droge wirkt, die Gewissheit, dass die Rotation der Erde mich unaufhaltsam weiter in die Wärme dreht: So wird der Weg zum Ziel. Ich bin deshalb richtig überrascht, als wir endlich da sind.

Das Teil sieht aus wie ein Kristallpalast, aber der Vergleich ist viel zu schwach. Diamanten müssen her. Und der Palast ist nicht mit Diamanten geschmückt, sondern aus Diamanten gebaut. Alle Edelsteine der Welt hat der liebe Gott dafür gebraucht. Dabei ist es nur eine Höhle, mit einem Eingang so hoch und breit wie ein Haus. In einem Berg aus Eis. Um nochmal auf

Gott als Bauherrn dieses Projekts zurückzukommen – ich sollte ihm danken, was ich auch mache, ununterbrochen mache, seitdem ich an der Quelle des Ganges stehe. Es ist früher Morgen, und was die jungen Sonnenstrahlen mit diesem Kristallpalast anstellen, wäre schon genug, um sich für den Rest des Lebens nicht mehr vor der Dunkelheit zu fürchten, weil man sich erinnern kann, wie es war und wie es ist, da oben, seit ich weiß nicht wie vielen Millionen Jahren. Nein, im Ernst, das würde reichen, es muss nicht auch noch aus dieser funkelnden und Lichtblitze werfenden Zauberhöhle der heiligste Fluss Indiens praktisch goldfarben herausgeflossen kommen. Ich bin an der Quelle. Und ich bin allein. Denn wir sind als Erste von Bhojbasa aufgebrochen, und Vinod hat sich zurückgezogen, er weiß um diesen intimen Moment zwischen Mensch und Fluss. Ich glaube nicht an Flüsse, aber ich denke, hier kann man eine Ausnahme machen.

Was gibt's an Sünden abzuwaschen? Mir fallen keine ein. Ich bin mein Leben lang ein Sünder gewesen, aber das zählt hier nicht mehr. Das wird hier umgedreht. Hier wird Sünde zu Suche und Leiden zu Blödheit. Alles Leiden ist Unwissenheit, hat Buddha gesagt. Buddha? Der hat in Gaumukh nichts zu suchen. Dessen Reich liegt hinter dem Gletscher. In Tibet, jetzt China. Dieser Gletscher gehört Shiva. Dem großen Zerstörer. Aber wie kann der große Zerstörer etwas so Nützliches wie den Ganges machen? Wer sagt denn, dass Zerstören nicht nützlich ist, wird Shiva darauf antworten, und außerdem kann er machen, was er will. Zum Beispiel große Steine und Felsbrocken so vor der Quelle drapieren, dass das Rund einem Amphitheater gleicht. Ich suche mir einen Felsen auf der Tribüne, um zu meditieren, aber ich meditiere ja bereits dank der allseits beliebten Sauerstoffknappheit, was den Vorteil mit sich bringt, dass ich beim Meditieren eine rauchen kann. «Spring rein!», sagt eine Stimme in mir. Aber meine Antwort ist und bleibt: nein. Ich will nicht erfrieren, das ist flüssiges Eis, das ist tiefgefrorene Heiligkeit.

Und was ist mit dem Segen? Um welchen soll ich bitten? Um Segen ganz allgemein oder um was Spezielles? Ich stehe auf und gehe zur Quelle, ohne zu wissen, um was ich den Ganges bitten soll. Ich bücke mich zu ihm hinunter und nehme eine Hand von seinem Wasser. Ich wasche mir das Gesicht damit, und vor allem die Stirn, immer wieder die Stirn, und dabei fällt es mir ein. «Schenk mir Klarheit», bitte ich ihn.

Es geht sofort los.

Ich bin noch immer allein, und es gibt keinen besseren Augenblick, um zu kiffen. Und keinen besseren Ort. Hier wohnt der Gott der Kiffer. Selten wird Shiva ohne ein Chillum dargestellt. Die Shivaisten schließen daraus, dass der Genuss von Haschisch sie ihrem Gott näher bringt. Die Anhänger von Krishna und Vishnu denken das manchmal auch, aber nicht so ausnahmslos und nicht so fundamentalistisch. Wer Shiva folgt, sieht im Kiffen einen Grundpfeiler seines Glaubensbekenntnisses. Ähnliches sagt man über die Hippies. Ähnliches sagt man über mich. Und hier, in der von Shiva höchstpersönlich geschaffenen Himalaya-Kiffer-Kathedrale, ausgerechnet hier will ich nicht mehr? Sapperlot! Nur eine Minute nachdem ich um Klarheit gebeten habe?! Das geht echt hopphopp. Und tut überhaupt nicht weh. Die gigantische Schönheit des Augenblicks sowie die dünne Luft haben mich aller Sorgen des Alltags entrissen. Das ist nicht mit den Träumen zu toppen, die im Haschisch sind. Vielleicht täusche ich mich, wer weiß, die Leute erzählen launige Geschichten, wie Shiva hier den Ganges vom Sternenhimmel holte. Er zwang ihn aus seinem Bett in der Milchstraße und fing ihn mit seinen Haaren auf, aber Klarheit und solche Geschichten, das geht nun mal nicht zusammen, und das hab ich jetzt davon.

Ich lasse den Joint, den ich für die Quelle aufbewahrt habe, in der Tasche und meditiere noch ein bisschen, und schon kommt das nächste Ding: Ich werde nicht zu Fuß gehen. Nicht auf dem alten Pfad der Sadhus und Hirten nach Rishikesh und auch nicht anderswo. Warum? Weil ich die Schmuggler und Räuber fürchte? Nein. Weil ich Angst vor den Affen, Schlangen, Bären, Schneeleoparden, Hunden und Tigern habe? Nein. Weil ich nicht gegen Tollwut geimpft bin? Nein. Weil ich Vinod nicht vertraue? Nein. Oder weil ich grundsätzlich mein Leben nicht in die Hände eines Menschen legen will, den ich erst seit zwei Tagen kenne? Nein. Ich werde nicht die alten Wege der Sadhus und Hirten gehen, weil ich kein Sadhu und kein Hirte bin. Punkt. Und aus. Aber ich bleibe am Ganges. Das ist versprochen. Ich folge ihm von hier bis zum Golf von Bengalen. Und drittens: Ich muss dringend ins Internet.

6. Die Ehre
der Bettler I

Ein Society-Magazin mit Sitz in Zürich vertraut mir seit geraumer Zeit die Betextung seiner Leute-Seiten an. Das ist, grob gesagt, Klatsch, aber ich gebe den Versuch nicht auf, die Nachrichten aus dem Privatleben von Prominenten mit einer übergeordneten Botschaft zu verbinden. Dank Internet kann ich diese Arbeit fast überall erledigen. Sie schicken mir die fertigen Layouts mit den Fotos, ich reime was dazu. Den Unterschied, den es macht, wenn man diese Werke nicht in der Züricher Redaktion, sondern in Rishikesh formuliert, möchte ich am Beispiel von Hugh Hefner erklären.

Zur Premiere eines Films, der sein Leben zum Thema hat, erschien der neunundsiebzigjährige «Playboy»-Chef mit sieben Mitgliedern seiner Wohngemeinschaft auf dem Hollywood-Filmfestival. Alle waren weiblich, alle waren vollbusig, und alle waren rund sechzig Jahre jünger als er. Dieses Foto liegt mir vor. Die sieben Schönen und der Greis. Was schreibe ich dazu? Ich brauche nicht viel, nur eine Idee, es sind gerade mal zehn Zeilen, die ich füllen muss, und mindestens zwei davon gehen schon für die Essentials (Ort, Zeitpunkt, Anlass) weg. Natürlich könnte ich es mir einfach machen und Google alles ausspucken lassen, was im World Wide Web über den Film zu finden ist, aber so einfach ist das in Rishikesh nicht, die PCs im «Blue Planet Cyber Shop» sind alt und langsam. Außerdem stürzen sie gern ab. Eiserne Regel ist: Je weniger man hier im Internet rumfummelt, desto länger hat man was davon. In solchen Fällen muss man auf die inneren Archive setzen. Lebenserfahrung, gesunder Menschenverstand, Werte. Unter dem Einfluss der klimatischen Verhältnisse in Zentraleuropa sowie unter dem Einfluss des Geistes, der dort herrscht, käme ich mit Sicherheit schnell in Versuchung, eine Todsünde zu begehen. Ein paar neidische Zeilen, zynisch vorgetragen, mit Moral kaschiert. Warum kann der Mann nicht in Würde alt werden? So was in der Art, und zudem die Frage, wie die Mädels reagieren, wenn er beim Gruppensex das Gebiss verliert. In Rishikesh kommen mir andere Gedanken zu dem Bild, weil in dieser Stadt ewige Potenz und endlos Geld nicht die Themen sind, die ihre Einwohner (und Besucher) bewegen. Was Las Vegas für das Glücksspiel ist, Bangkok für den Sextourismus und Wien für die Psychotherapie, das ist Rishikesh für das Yoga. Es ist die Yoga-Hauptstadt der Welt, seitdem die Beatles den großen Guru Maharishi Mahesh Yogi besucht haben, und vor den Beatles war es immerhin die Yoga-Hauptstadt des Subkontinents. Ashrams, Tempel und spirituelle Schulen samt ihren Parks und Gärten betten sich Reihe über Reihe in die hier sattgrünen Berghänge, denn Rishikesh liegt nicht in viertausend Meter Höhe, wie die Quelle des Ganges, sondern nur dreihundertvierzig Meter über dem Meeresspiegel, an den Füßen des Himalaya, an den Zehen, wenn man so will. Das liebliche Klima und die Spiritualität der Berge sind zwei Erklärungsmodelle für die Anziehungskraft der Stadt auf Yogis, Gurus und Asketen, dazu kommt, dass der Ganges hier langsam erwachsen wird, also ruhiger und breiter. Ab Rishikesh kann man endlich in ihm Sünden abwaschen, ohne Gefahr zu laufen, mit den Sünden auch das Leben in der Strömung zu verlieren.

Von alldem habe ich im «Blue Planet Cyber Shop» natürlich nur einen kleinen Ausschnitt, wenn ich meinen Blick von Hugh Hefner und seiner Silikon-WG losreiße, um sinnend aus den Fenstern zu sehen. Aber es ist ausreichend. Hinter den Fenstern zur Linken fließt der Ganges, und durch die Fenster zur Rechten kann ich ein paar staubige Meter der belebtesten Gasse von Rishikesh einsehen. Weil die gesamte Front des Internetshops ein einziges großes Fenster ist, handelt es sich hier um einen locker zehn bis fünfzehn Meter langen Laufsteg für «streetlife divine». Heilige Kühe, heilige Männer, heilige Rucksäcke ziehen vorbei sowie Pilgerfamilien aus ganz Nordindien, sogar die bunten Turbane und großen Nasenringe aus der Wüste von Rajasthan sind dabei, natürlich auch Bettler, Krüppel und räudige Hunde. Wie würden sie das Schicksal von Hugh Hefner bewerten? Würden sie ihn verdammen? Wären sie eifersüchtig? Schön, dass es auch einfache Fragen gibt. Und die Antwort ist: nein. Das Gegenteil ist der Fall. Die Hindus glauben, dass es exakt eine Million Wiedergeburten braucht, bevor die Seele sich in einem Menschen reinkarniert, und die 999999ste Reinkarnation ist der Hund. Das Rad der Wiedergeburten dreht sich unerbittlich weiter, aber eine Seele, die menschlich geworden ist, hat einen Quantensprung gemacht und kann ab sofort die Richtung beeinflussen, in die sich das Rad dreht. Böse Taten drehen es wieder nach hinten, gute Taten drehen es nach vorn, in immer feinere, glücklichere Existenzen. Je mehr Glück ein Mensch in diesem Leben hat, desto besser sind seine Taten im letzten Leben gewesen. Dasselbe gilt für Schönheit, und so gesehen muss ich es beim «Playboy»-Chef und seinen sieben Lieben mit einer Truppe von ehemals Heiligen zu tun haben. Denn die Mädchen sind durch die Bank wunderschön, und Hugh Hefner hatte Glück ohne Ende in diesem Leben. Zuerst ging sein Magazinkonzept auf, nackte Frauen, umrahmt von intelligenten Texten, brachten ihm Millionen, dann brachte ihm das schöne Geld die schönen Frauen ins Haus, und als er in das Alter kam, in dem ein Mann damit nichts mehr anfangen kann, wurde Viagra erfunden. War Hugh ein Friedensstifter im letzten Leben, hat er Leprakranke geheilt, ist er für einen anderen gestorben? Irgendetwas in der Art muss vorgefallen sein, wenn einen Mann in diesem Leben so viel Glück ereilt. Und so ungefähr habe ich das dann auch geschrieben.

Wann immer ein Bub seinem Vater sagte, dass er Dichter werden wolle, bekam er was hinter die Ohren. Warum eigentlich? Dichter verdienen einen Haufen Geld, wenn sie sich mit dem Boulevard verbünden. Aber es geht mir nicht nur ums Geld, ich bin auch so ganz froh, im Internetshop zu sein, denn die da draußen, das ist klar, werden mir ziemlich schnell auf die Nerven gehen. Ich habe nichts gegen einen ehrlichen Bettler, aber ich habe was gegen einen ehrlichen Bettler auf jedem Meter, und richtig sauer werde ich, wenn sie so tun, als seien sie keine Bettler, sondern Wandermönche.

Der Unterschied zwischen diesen beiden Existenzformen ist schwer zu sehen, denn die Bettler müssen für ihre Lumpen nur die Farbe Orange wählen und sich die Stirn mit den Zeichen der Orden bemalen, in denen die Sadhus sind, und das kann eigentlich jeder, der Hände hat. Drei waagerechte Linien übereinander oder eine von der Nasenwurzel bis zum Haaransatz, mehr braucht es nicht, plus (ich vergaß) die Kette mit den Kügelchen aus Rosen- oder Sandelholz, und schon betteln sie nicht mehr, sondern bitten um Spenden für ihre spirituellen Projekte, die da sind: freiwillige Besitzlosigkeit, freiwillige Keuschheit, freiwillige Heimatlosigkeit.

Die freie Entscheidung für diesen Weg macht den Unterschied zwischen Bettler und Sadhu, und wer sich frei dafür entschieden hat, gibt auch dir die Freiheit, ihm zu geben oder nicht. Nur daran kannst du sie erkennen. Ein echter Sadhu bettelt nicht, bittet nicht, jammert nicht. Im Gegenteil, er freut sich, wenn er Hunger hat. Er ist Asket. So wie ich. Ja, in der Tat, heute ist mein Fastentag. Ich faste jeden Mittwoch, weil mir das mal ein echter Sadhu empfohlen hat, um meinen Bauch loszuwerden. Er war nicht nur dick, sondern ungesund dick. Es gab irgendein Problem, und der Sadhu sagte, ein Fastentag pro Woche bringe den Stoffwechsel dermaßen in Schwung, dass er alle Probleme wegschwemme. Der Sadhu sollte Recht behalten. Ich bin wieder schlank und gesund. Der Grund, warum ich das einmal wöchentliche Fasten seit zwei Jahren und bis dato durchgehalten habe: Es ist eine Shivaisten-Diät. Sie beinhaltet kein Essen, keinen Alkohol und keinen Sex, aber erlaubt jede Menge Wasser, jede Menge Kaffee (ohne Zucker) und jede Menge Haschisch. Das Haschisch macht high, der Kaffee hält auf Trab, und das Wasser nimmt den Hunger. Das hat's mir leicht gemacht, das war ein Klacks, und jetzt stelle ich fest, dass es auch ohne Haschisch ein Klacks ist. Und wie gewohnt bin ich schnell, wenn ich faste. Außer dem greisen Playboy muss ich noch vierzehn weitere Glückspilze verarzten, und als ich beim letzten (Roger Moore) angelangt bin, ist es gerade mal Mittag. Und? Was mache ich mit dem Rest vom Tag?

Bettler-Spießrutenlaufen.

Rishikesh ist eine zweigeteilte Stadt. Die eine Hälfte ist weltlich, die andere ist heilig, dazwischen fließt der Ganges. Die weltliche Hälfte ist laut und dreckig, die heilige ist leise und dreckig. Weil in ihr Autos verboten sind. Auch Fleisch und Alkohol. Eigentlich vortrefflich. Eine Stadt ohne Verbrennungsmotoren, niemand ist besoffen, und kein Tier muss für mich sterben. Die heilige Hälfte ist nochmal unterteilt. In Lakshman Jhula und Swarg Ashram. Beide Ortsteile sind nicht größer als ein kleines Dorf, das heißt, man ist ruck, zuck durchspaziert. Und sieht dieselben Bettler immer wieder.

In der Gasse, in der mein Internetshop liegt, konzentrieren sie sich, denn hier sind die meisten Geschäfte, Teebuden, Restaurants sowie die Toreingänge zu den großen Ashrams. Von denen werden sie traditionell einmal am Tag verpflegt und von den Touristen den ganzen Tag. Selbst wenn sie kein Geld schnorren können, eine Zigarette oder einen Tee stauben sie ab. Ihr Kapital ist unser schlechtes Gewissen. Das kann man einfach nicht abstellen, auch nicht mit dem Wissen, dass man verarscht wird. Denn a) kann man sich irren, und b) tut das immer weh, in eine Hand, die sich einem entgegenstreckt, nichts hineinzulegen. Nicht mal zwei Rupien. Nicht mal eine. Wer ausrechnen will, wie viel eine Rupie in Euro ist, kommt mit dem kleinen Einmaleins nicht weiter, dafür braucht es die Wurzeln und Quadrate der höheren Mathematik, so viele Nullen hinterm Komma sind das, und vor dem Komma ist auch 'ne Null. Also, ein oder zwei Rupien sind so gut wie nichts und schmerzen niemanden, einen Touristen ohnehin nicht, und selbst wenn man jedem Bettler in Rishikesh was geben würde, wäre man am Abend noch nicht pleite. Darum geht es nicht. Es geht um den Unterhaltungswert von Fließbandarbeit. Immer dieselben Handbewegungen. Rein in die Tasche, raus aus der Tasche, rein in die Bettlerhand, raus aus der Bettlerhand, zwei Schritte weiter und rein in die Tasche, raus aus der Tasche … Natürlich macht man das nicht. Einfacher wäre es, die Münzen wie Samenkörner auf den Weg zu werfen oder die kleinen Scheine so an der Kleidung zu befestigen, dass sie von den Bettlern wie Blätter abgepflückt werden könnten, aber das macht man auch nicht.

Was man macht, ist auswählen. Ein sympathisches Gesicht, ein besonderes Lächeln, ein hoher Grad an körperlichem Verfall, und selbstverständlich gibt man jedem echten Krüppel. Aber das auch nur einmal pro

Tag, egal wie oft man ihn passiert. Trotzdem betteln sie dich jedes Mal aufs Neue an, jedes Mal mit demselben Jammer in den Augen, da ist man bei den blinden Bettlern besser dran. Sehr bald hat man seine Favoriten. Ich gebe gerne einem jungen (und sogar wohlgenährten) Mann, weil er so viel lacht, und gerne einem alten, der offensichtlich ein Problem mit seiner Kopfhaut hat. Dem gebe ich, weil er an andere denkt. Er teilt alles, was er zu essen bekommt oder zu Essen machen kann, mit den Hunden der Gasse. Ständig sind ein halbes Dutzend bei ihm, und auch die heiligen Kühe streichelt er mit so viel Liebe, dass der Gedanke nahe liegt, der heilige Franziskus habe sich in ihm reinkarniert. Manche Bettler sind halt tierlieb. Und manche kinderlieb. Sie leihen sich die Säuglinge morgens von deren Müttern aus, um in uns noch mehr Mitleid zu entfachen. Die echten Mütter werden dann abends am Umsatz beteiligt. Aber auch das kann man mit Sicherheit nie wissen, es sei denn, man beschäftigt Detektive. Die gute alte Tradition, nur denen zu geben, die irgendwas für die milde Gabe tun, funktioniert in Rishikesh leider ebenfalls nicht, denn von ihnen gibt es auch zu viele. Sie haben ein Töpfchen mit roter Farbe in der Hand und Bindfaden in der Tasche. Mit der Farbe machen sie einen Punkt auf der Mitte deiner Stirn, um das dritte Auge zu markieren, und der Bindfaden bringt Glück am Handgelenk. Dazu schenken sie dir ein Mantra, machtvoll und individuell auf deine Persönlichkeit abgestimmt. Komischerweise ist es bei allen dasselbe. Es heißt OM und wird in Indien in etwa so oft benutzt wie das Amen im christlichen Mittelalter. Nein, so geht es nicht, meine Herren. Und was ist mit denen, die kein Geld wollen, sondern irgendwelche Medikamente? Du kannst sie zur Apotheke begleiten, um sicherzugehen. Okay, aber du kannst dich auch anschließend in der Nähe verstecken und zusehen, wie sie die Medizin wieder an den Apotheker zurückverkaufen. Lustiger ist es, wenn du an einen Gaukler gerätst oder an einen Zauberer.

Er sitzt auf einer Bank im perfekten Sadhu-Orange und winkt mich ran, und ich bin inzwischen so müde vom Abchecken, Misstrauen, Neinsagen und Weggucken, dass ich denke, geben wir ihm (und mir) nochmal eine Chance. Denn auch das muss gesagt werden: Echte Sadhus haben echte Kräfte. Echte Sadhus haben echtes Wissen. Echte Sadhus können durch Handauflegen echt was losmachen im Kopf und echt was lösen. In den dreißig Jahren, in denen ich nun Indien bereise, habe ich das dreimal erlebt. Sie legten nur kurz ihre Hand auf meinen Kopf, und jedes Mal hatte ich von diesem Augenblick an minimum eine Woche lang den Eindruck, ich hätte LSD genommen und käme nicht mehr runter. So was gibt's durchaus. Warum nicht auf dieser Bank?

Er ist nicht jung und nicht alt, und er spricht ziemlich gutes Englisch. Er komme aus der Gegend um Gangotri, er habe sein Leben Gott gewidmet und er wolle mir was schenken, und zack! ist da eine kleine rote Kugel in seiner Hand. Ich weiß nicht, woher er sie geholt hat, vielleicht aus der Nase, denn die hat er kurz vorher berührt, vielleicht kam sie aus den weiten Ärmeln seines Gewandes gerollt, vielleicht hat er sie auch aus dem Nichts materialisiert. Es gibt Leute, die das können, habe ich gehört. Sai Baba, der berühmteste

Guru des Subkontinents nach Bhagwans Tod, zaubert Asche aus dem Nichts, oder auch goldene Ringe. Und gleich nach der Kugel kommt das Problem. Wer etwas geschenkt kriegt, muss etwas zurückschenken. Zum Beispiel eine Decke. Er hat keine. Er friert sich nachts den Arsch ab. Ob ich da was tun könne. Ich gebe ihm zwanzig Rupien, und das schockiert ihn ziemlich. «Zwanzig Rupien sind nichts», sagt er, und zack! sind sie weg, so schnell wie die Kugel gekommen war. Aber diesmal habe ich den Trick gesehen. Nur ansatzweise, nur gerade eben, aber ich hab's gesehen. Er pustet so geschickt in seine Hand, dass der Schein, von seinem Atem getragen, blitzschnell im Ärmel verschwindet. Möglicherweise ist das auch nur Wunschdenken oder Wunschsehen, ein Erklärungsmodell für das Unerklärliche, das ich brauche, damit mein Weltbild nicht den Bach runtergeht, aber im Grunde ist das so oder so egal. Das sage ich ihm. «Wenn du Holzkugeln materialisieren und Rupien verschwinden lassen kannst, warum holst du dir dann eigentlich nicht auch 'ne Decke aus dem Nichts?»

Er schimpfte lange hinter mir her.

So viel zur indischen Fraktion der Freunde und Brüder in Rishikesh, nun zu der unsrigen. Nach dem Besuch der Beatles rückte die Stadt an den Füßen des Himalaya sofort auf die Liste der MUSTS. Goa, Kathmandu und Rishikesh, das sind die drei großen Reiseziele seit dreißig Jahren. Nach Goa geht man zum Schwimmen, nach Kathmandu zum Kiffen und nach Rishikesh zum Meditieren. Ähnlich wie beim Strandurlaub, wo der Tourist eine breite Palette von Sportmöglichkeiten

(Surfen, Tauchen, Beachvolleyball) erwarten darf, wird ihm in Rishikesh alles geboten, was an Atemtechniken, Mantras und Yogastellungen zu haben ist, aber auch deren Weiterentwicklungen und Kombinationen. Lach-Yoga, Power-Yoga, Musik-Yoga, Tanz-Yoga, Gong-Yoga, Karma-Yoga, Herz-Yoga, Bauch-Yoga, Fahrrad-Yoga, Yoga mit und ohne ayurvedischem Tee sowie Yoga für Kinder und Yoga für Hunde. Das mit den Hunden stimmt natürlich nicht, aber es würde mich nicht verblüffen. Denn: Es gibt auch Kurse für «Enlightenment in one day». Also «Erleuchtung an einem Tag», was eine ziemlich gewagte Ansage ist. Nur «Erleuchtung in einer Stunde» habe ich in Rishikesh noch nicht gesehen.

Natürlich gibt es auch Astrologiekurse, Tarotkurse, Handlesekurse, Pendelkurse, Augenrollkurse und dreihunderttausend verschiedene Massagen. Angepriesen wird das Ganze auf Plakaten. Und egal, was sie anbieten und für wie viel, ein Wort ist auf allen Plakaten zu finden, mit denen die Stadt zutapeziert ist: das schöne Wort DIVINE. Göttlich. Und das in allen Steigerungen. Kann man «göttlich» steigern? Na klar. Super-divine, XXL-divine, special-rate-divine, two-divine-for-the-price-of-one-divine, so in dieser Art, und abgerundet wird die Angebotspalette im Supermarkt der Göttlichkeit mit Altarbildern, Buddha-Büsten, Räucherstäbchen, Kristallen, Amuletten und divine-bookshops. Sie verlangen in ihnen tatsächlich, dass du deine Schuhe ausziehst, als wäre es kein Geschäft, sondern ein Tempel, und jedes zweite Buch ist eine Autobiographie. Das ist auch in unseren Buchläden nicht viel anders, aber die Autobiographien in Rishikesh berichten durch die Bank nicht von diesem, sondern von früheren Leben. Was der Autor vor fünfhundert Jahren gemacht hat und was er vor zweitausend Jahren mal war. Wer diesen Rummel ernst nimmt, hat entweder keine Ahnung oder ist durchgeknallt, denke ich, und mit solcherlei Gedanken gehe ich zurück zum Hotel. Kurz bevor ich es erreiche, führe ich ein letztes Gespräch mit einem der bettelnden Sadhus. Inzwischen bin ich, Sie werden es verstehen, dieser Gespräche schon etwas überdrüssig. Deshalb frage ich ihn direkt ins Gesicht, ob er ein Bettler oder ein Sadhu ist. Er verdreht seine haschischroten Augen und sagt: «OM», was schlau ist, denn OM heißt «das Allumfassende», und das umfasst halt alles. Er ist also (u. a.) Bettler UND Sadhu. Dann macht er ein erbärmliches Gesicht, reibt sich über den Bauch und meint, er habe den GANZEN Tag noch nichts gegessen.

«Ich auch nicht», sage ich wahrheitsgemäß.

7. Die wahnsinnig schönen Geistheilerinnen

Das «Green Hotel» ist grün, die Außenmauern, die Innenwände, die Decken, das Foyer, das Restaurant, die Terrasse, alles grün, und ich habe bestimmt noch was vergessen, was hier außerdem grün ist. Der «Lonely Planet» erwähnt es in der Rubrik «Mittelklasse» und sagt, es sei sauber, aber wenig atmosphärisch, das gab für mich den Ausschlag, denn wenig atmosphärisch heißt in Rishikesh wenig esoterisch. Man darf überall rauchen. Und muss nicht immer lächeln. Ich stelle mir das Gegenteil recht scheußlich vor. Lächelzwang auf Nikotinentzug. Nee, das «Green Hotel» ist okay, und ich habe das Glück (wahrscheinlich weil ich im letzten Leben netter zu Bettlern gewesen bin), eines der schönsten Zimmer zu bekommen.

Es ist groß und hat ein großes Bett und ein großes Fenster mit Blick auf den Garten eines anliegenden Ashrams. Das Beste an dem Zimmer aber ist die Dachterrasse. Man stellt einen Stuhl vor die Tür und schaut in die Berge, die hier und da in Wolken verschwinden, hyperaktive Affen balancieren auf dem Terrassengeländer, und dann ist wieder mal alles klar mit Indien und der Reiserei im Allgemeinen, dann weiß man wieder, dass man nicht für den Schrebergarten geboren ist. Trotzdem bleibt die Frage, was nach den Eindrücken des ersten Tages in Rishikesh von alldem eigentlich zu halten ist. Liegt's an mir oder an der Stadt? Habe ich mich verändert, oder geht hier wirklich nichts mehr ab? Wahrscheinlich stimmt beides, denke ich. Ja, wahrscheinlich.

Und während ich so bei einem guten Fläschchen Mineralwasser über Wahrscheinlichkeiten nachdenke, quartieren sich in einem Zimmer auf der anderen Seite der Dachterrasse neue Gäste ein. Sie machen es wie ich. Kaum haben sie das Zimmer bezogen, setzen sie sich vor die Tür und genießen die letzten Strahlen der Nachmittagssonne. Das eine Mädchen ist eine Orientalin und kommt «wahrscheinlich» aus Marokko. Sie hat das schönste Gesicht, das ich je gesehen habe. Das andere Mädchen dampft vor Sex. Zum Glück beinhaltet mein Fastentag auch das eintägige Zölibat, sonst müsste ich wieder wütend darüber werden, dass ich schüchtern bin. Außerdem sind sie entschieden zu jung für mich. Meine Töchter sind älter als sie (wahrscheinlich). Ich winke also nur lächelnd zu ihnen rüber, und sie winken lächelnd zurück, und das war's. Für diesen Tag.

Der nächste beginnt sehr früh, weil ich noch immer Schlafstörungen habe und außerdem immer früh erwache nach dem Fasten. Das ist es, was ich am Fasten am meisten liebe. Aufzuwachen und zu wissen, dass man wieder essen darf. Das Hotelrestaurant hat noch geschlossen, aber ich weiß, dass sie in den kleinen Chai-Shops da draußen bereits die Feuer unter den Kesseln entfachen. Ich finde einen ganz in der Nähe des Internetshop und werfe auf dem Weg dorthin einen Blick auf den Ganges. Er glitzert in der Morgensonne. Vor dem Chai-Shop steht ein Sadhu. Er macht keine Anstalten hineinzugehen, er redet auch nicht mit dem Besitzer, der am Eingang sitzt. Der Sadhu steht einfach nur bewegungslos da und starrt auf den dampfenden Kessel. Ich gebe ihm einen Tee und einen Reiskuchen aus, für mich bestelle ich Milchkaffee und Banana Porridge. Der Chai-Shop-Mann legt noch eine Zeitung dazu. Indien ist zeitungssüchtig. Jeder liest, soviel er kriegen kann. Auch die Sadhus. Auch die Bettler.

Die Schlagzeilen der «Hindustan Times» schreien ihre Empörung über ein Bombenattentat in New Delhi hinaus. Gestern Abend sind im Bahnhofsviertel vier Pakete mit Bomben hochgegangen. Drei waren in Motorrikschas versteckt, eine in einem öffentlichen Bus. Wissen Sie, wie viele Menschen zu dieser Zeit im Bahnhofsviertel von New Delhi sind? Und wie überfüllt da jeder Bus ist? Sechzig Tote, Hunderte Verletzte, und Delhi hat einen neuen Helden. Den Busfahrer. Er hat das Paket gesehen, und es ist ihm nicht koscher vorgekommen. In einer wenig belebten Nebenstraße ließ er die Fahrgäste aussteigen, und als sie sich weit genug entfernt hatten, warf er das Paket aus dem Fenster. Dabei ist es explodiert. Der Fahrer wird derzeit operiert. Die Ärzte wissen noch nicht, ob er jemals wieder sehen kann. Die Attentäter sind Kaschmir-Separatisten. Sämtliche Polizisten in New Delhi und die Armee fahnden nach ihnen. Das sind schlimme Nachrichten, aber es gibt auch gute. Auf Seite drei jubelt die «Hindustan Times», weil in dem nächsten James Bond ein Bollywoodstar die Rolle des Superbösen bekommen hat. Der Schauspieler sagt, das sei eine große Ehre für den indischen Film, ja eine große Ehre für Indien. Ich finde das ein wenig übertrieben.

Die beiden Mädchen treffe ich beim zweiten Frühstück wieder. Ich war bereits im Internetshop, und ihm gegenüber liegt das beliebteste Restaurant der Gasse, weil es den besten Milchkaffee hat. Sechs Tische, drei auf jeder Seite. Sie sitzen vorne links, ich nehme den Tisch dahinter und frage sie, ob es störe, wenn ich rauche. Nein, sagt das Traumgesicht aus (wahrscheinlich) Marokko. «Absolut nicht. Und wir können gern in unserer Muttersprache miteinander sprechen.» Sie heißt Jaquelina und kommt aus Wien. Ihre Freundin ist Holländerin und heißt Jane. Sie bitten mich, an ihrem Tisch Platz zu nehmen, und zu meiner Freude stelle ich fest, dass Jaquelina doch älter ist als meine Töchter, obwohl sie auch aus der Nähe betrachtet wie zwanzig aussieht. Jane ist zwanzig. Beide sind zum ersten Mal in Indien.

Objektiv betrachtet habe ich es hier mit einem Gottesgeschenk zu tun. Ich nenne ihn mal Shiva. Für meine tapfere Pilgerschaft zur Quelle des Ganges, weder Ratten scheuend noch den drohenden Kältetod, hat er mich jetzt mit zwei Geistheilerinnen aus dem Bilderbuch belohnt, denn als Jaquelina mitbekommt, dass ich schwerhörig bin, bietet sie sofort eine Behandlung dagegen an. Sie arbeitet mit Kristallen, Jane mit purer Energie. Natürlich wollen sie erst noch ein bisschen mehr über meine Schwerhörigkeit wissen, vor allem interessiert sie das spirituelle Krankheitsbild. Ob ich eine Ahnung hätte, woher die Behinderung komme. Ja, sage ich, eine Ahnung habe ich. Ich habe sie von meinem Vater und der von seinem, und auch mein Urgroßvater war fast taub. Es liegt in der Familie. Das habe ich mir gedacht, sagt Jaquelina, und ob ich eine Ahnung hätte, wie meine Familie an die Sache gekommen sei. Ja, sage ich, auch da gibt's eine Ahnung, eine kubanische. In Havanna habe ich vor Jahren einen Abakuá-Zauberer mit dieser Frage konfrontiert. Abakuá ist dasselbe wie Voodoo, erkläre ich, aber Erklärungen scheinen hier überflüssig, denn Jaquelina lächelt inzwischen wie jemand, dessen Fachgebiet Thema wird. Der Zauberer hält den Geist eines Toten in seinem Keller gefangen. Wenn ich's recht bedenke, ist das eine ziemliche Gemeinheit, aber was erwartet man von schwarzer Magie?

«Und der Geist wusste alles?», fragt Jaquelina.

«Zumindest alles über meine Schwerhörigkeit.»

«Und was hat er gesagt?»

«Er sagte, dass sich meine Familie vor vielen hundert Jahren an Zigeunern versündigt habe und von ihnen verflucht worden sei.»

«Ein Zigeunerfluch», sagt Jaquelina. «Das habe ich mir gedacht.»

Sie bespricht sich mit Jane. Beide kommen zu demselben Ergebnis. Sie werden bei der Geistheilung versuchen, den Zigeuner herbeizurufen, der seinerzeit den Fluch losgetreten hat, damit ich ihn um Verzeihung für die Taten meiner Ahnen bitten kann. Das sei wichtig und es könne klappen, wenn ich es nur von Herzen täte, aber auch nicht zu devot, sondern durchaus der Tatsache bewusst, dass ja auch irgendwann mal mit jedem Fluch Schluss sein müsse. Ich verspreche, es genau so zu machen, und wir setzen für die Geistheilung den Abend als Termin an.

«Wo?», frage ich.

«Im Hotel», sagt Jaquelina.

«In welchem Zimmer?»

«In deinem, wenn du willst», sagt Jane.

Es ist wissenschaftlich erwiesen, dass das Gehirn eines Mannes durchschnittlich alle sechs Minuten ein erotisches Bild produziert. Das Bild, das sich hier aufdrängt, ist ein flotter Dreier im grünen Ambiente, aber ich schwöre, es ist nur mein Gehirn, durch das die geilen Neuronen wie durch eine Bobbahn flitzen. Mein Herz macht da nicht mit. Mein Herz ist zufrieden damit, dass ich a) Gesellschaft gefunden habe und b), was für eine! Jaquelinas Seele ist so schön wie ihr Gesicht, und Jane besteht von Kopf bis Fuß aus Milch. Ich war früher auch so ein Milchgesicht, und ich war auch mal zum ersten Mal in Indien und habe dort Leute getroffen, die so waren, wie ich heute bin. Damals habe ich sie bemitleidet. Günther, zum Beispiel, in seinem weißen Leinenanzug und seinem weißen Mercedes, in dem er zwischen Ceylon und Pakistan hin- und herreiste, um dubiose Geschäfte zu machen. Nicht dass er mir gesagt hätte, dass sie dubios waren, aber anders konnte ich es mir nicht vorstellen, und die Art, wie er über Inder redete, hörte sich für mich wie eine Beleidigung meiner religiösen Gefühle an. Er schien von grundsätzlich anderen Indern zu reden als von denen, die ich kannte. Meine waren herzlich, fröhlich, lieb und weise, seine waren genauso bescheuert wie wir alle. Das Gespräch fand 1970 statt. Heute muss ich Günther Recht geben. Sie sind nicht schlechter und nicht besser als wir. Sie sind nur anders, und das Andere zog uns an, weil wir uns ändern wollten, aber es stieß uns auch wieder ab, und warum sage ich jetzt wir und nicht ich? Weil ich das hier so fühle. Ich beginne automatisch, im Namen einer ganzen Generation zu sprechen, oder besser, der Hälfte einer ganzen. Die andere Hälfte trank Rotwein und haute auf den Tisch. Wir wollten Liebe machen. Mehr noch, wir wollten Liebe werden. Kosmisches Bewusstsein war für uns ein durchaus gängiger und alltäglicher Begriff, und Indien war das Land, in dem Erleuchtung das tägliche Brot seiner Bewohner war. Und jetzt? Höre ich mich jetzt wirklich dasselbe wie Günther sagen? «Never trust an Indian.» Das wäre echt ein starkes Stück, darum sage ich es auch nicht. Ich sage: «Traue keinem Inder mehr als dir», als mich Jane fragt, ob sie als junge Frau allein durch Indien reisen könne. Denn sie wolle noch ein halbes Jahr bleiben, aber Jaquelina nicht.

«Warum nicht, Jaquelina?»

«Ich habe nur zwei Wochen Urlaub. Und eine ist rum.»

«Urlaub wovon?»

«Ich bin Juristin bei einer Versicherung.»

Das Schöne am Leben sind seine Mischungen. Nichts wäre langweiliger als eine Geistheilerin, und nichts ist spannender als eine geistheilende Versicherungsanwältin. Ich schlage deshalb einen gemeinsamen Tagesausflug nach Indien vor. Rishikesh, sage ich, ist nicht Indien. Rishikesh ist umgeschlagen, wie ein Fluss, in dem zu viel Abwasser entsorgt wird. Die

Hälfte aller Menschen hier sind Touristen, und die andere Hälfte lebt von ihnen. Wo ist da der Witz? Haridwar ist richtiges Indien. Und Haridwar liegt nur dreißig Kilometer weiter nördlich. «Ja, ich habe davon gehört», sagt Jaquelina. «Es ist auch eine heilige Stadt, oder nicht?»

«Zumindest keine scheinheilige», sage ich.

Es ist der richtige Moment aufzubrechen, denn ein spanischer Gast des kleinen Restaurants zettelt gerade Streit mit einem Engländer an. Ich habe den Spanier schon einige Male auf der Straße und im Internetshop gesehen. Er sieht aus wie ein Model für ein Yoga-Magazin, Rubrik: die neuen Gurus. Lange rote Löwenmähne, wenn auch schon ein bisschen dünn, langer Bart, auch dünn, der ganze Mann ist dünn, aber nicht mager, und das ist, was seinen Oberkörper angeht, sehr schön zu sehen, denn er trägt nur eine ärmellose Baumwollweste, und er trägt sie offen. Die Baumwollhose trägt er natürlich geschlossen, aber die Füße sind dann wieder nackt. Ein Barfußtourist mit dem ewigen Lächeln, hatte ich bisher gedacht. Und jetzt zeigt er sein wahres Gesicht. «No smoking!», schreit er den Engländer an, und als der die Zigarette nicht sofort ausmacht, schlägt der Barfüßige sie ihm aus der Hand. Glücklicherweise rauche ich gerade nicht, ich würde ausflippen, hätte er das mit mir gemacht. In achtzig Prozent aller geschlossenen Räume von Rishikesh ist Rauchen verboten, hier nicht, dieses Restaurant gehört zu den letzten Oasen der alten, untergehenden Kultur. Warum kann er nicht woanders nicht rauchen gehen? Der Engländer sieht das genauso. Er zündet sich eine neue Zigarette an und sagt zu dem Spanier: «Wenn

du das nochmal machst, werte ich es als einen An-
griff, okay?» Der Besitzer des Restaurants zündet sich
zeitgleich mit mir ebenfalls schnell eine an. Der Barfüßige versteht, aber was er nicht weiß, ist, wie er seinen
heiligen Schwanz einziehen kann, ohne sein Gesicht
zu verlieren. Seine Freundin ist bei ihm. Ich habe keine Ahnung, wie er das Problem lösen wird. Denn wir
gehen.

Wir können uns unverzüglich auf den Weg nach Haridwar machen. Niemand braucht etwas aus dem Hotel,
am Abend sind wir eh zurück. Um ein Taxi oder eine
Rikscha zu bekommen, müssen wir zum motorisierten
Teil von Rishikesh gelangen. Schon während der fünfhundert Meter bis zur Brücke und auch auf der Brücke
stelle ich fest, dass die Stadt, der Fluss und das Leben
wieder mal anders als gestern sind. Stichwort: Shakti-
Energien. Shakti ist die Frau von Shiva. Nur mit ihr ist
der Gott rund und gesund. Und was für Götter stimmt,
das stimmt auch für uns. Dabei geht es nicht mal oder
nur um Sex. Einem durch Meditation und Yogatech-
niken hochsensibel und durchlässig gewordenen Mann
reicht schon die Energie, die Ausstrahlung, die Nähe
einer Frau, um sich vollständig zu fühlen. Bhagwan,
später Osho genannt, umgab sich deshalb nur mit
Frauen. So minimum zwanzig, egal wo er war. Hugh
Hefner reichen sieben, und ich bin heute schon mit
zwei mehr als zufrieden. Eine rechts, eine links und in
der Mitte ich. In der Mitte ist es immer am schönsten,
finden Sie nicht?
    Der Fluss fließt gelassen dahin, die Brücke ist lang
und schmal und bewegt sich ein bisschen im Wind,

und mit uns sind Mütter und Magersüchtige (Asketen), Kinder und Kühe, Heilige und Heimatlose, Touristen und Transvestiten unterwegs. Über Letztere wundern sich die Mädchen. «In Indien gibt es eine Menge Transvestiten», sage ich. «Spirituelle und nichtspirituelle. Die spirituellen gehören einer Sekte an, die der Meinung ist, dass sich die menschliche Seele zu Gott grundsätzlich weiblich verhält. Deshalb tragen sie Frauenkleider, schminken sich und machen drei Tage im Monat frei, weil sie ihre Periode haben.» Jane gluckst.

Hinter der Brücke fängt das Handeln an. Ich hasse es, und manchmal lass ich es, aber der Rikschafahrer will neunhundert Rupien für die Fahrt. Das ist absurd. Als ich ihn auf dreihundert runterhabe, schauen mich die beiden Mädchen wie einen Helden an. Zu Unrecht allerdings, hundertfünfzig wäre der korrekte Preis gewesen, denn es ist eine große Rikscha, in die noch mehr Fahrgäste steigen. Während der Fahrt erzähle ich Jaquelina und Jane, was ich über unser Reiseziel weiß. Haridwar hat nicht achtzigtausend Einwohner wie Rishikesh, sondern zweihunderttausend. Und Touristen gibt es so gut wie keine. Obwohl Haridwar viel heiliger als Rishikesh ist. Täglich kommen Tausende aus allen Teilen Indiens, um hier ihre Sünden im Ganges loszuwerden, aber alle zwölf Jahre kommen zehn Millionen. Kumbh Mela. Schon mal gehört? Das größte Fest der Welt.

«Warst du schon mal da?», fragt Jaquelina.

«Aber ja.»

Angeben ist meine Schwäche, ich weiß, aber was soll ich machen, ich war ja wirklich beim letzten Kumbh Mela in Haridwar. Das war vor sieben Jahren, und ich durfte zusehen, wie zwei Sadhu-Orden aufeinander losgingen, weil sie sich nicht einigen konnten, wer zuerst im Ganges rituell baden darf. Echte Sadhus. Durchtrainierte Sadhus, keine Penner. Yoga macht stark, Askese macht hart, und jeder hat den Dreizack von Shiva dabei. Ich erinnere an mein Plakat. Der Gott der Zerstörung hat immer einen Dreizack in der Nähe, so lang wie ein Speer, ein Speer mit drei Zacken halt, der fürchterliche Wunden macht, wenn man ihn nicht symbolisch benutzt. Einer der beiden Orden war die Juna Akhara, und von dem waren viertausend Sadhus am Fluss, weil er in Haridwar sein Hauptquartier hat, den Namen des anderen Ordens weiß ich nicht mehr, der war mit zweitausend Leuten zur Stelle. Sechstausend wild gewordene heilige Männer begannen, sich zu massakrieren. Erst als Berittene dazwischengingen, vertrugen sie sich wieder und holten mit vereinten Kräften die Polizei von den Pferden. «Wann ist das nächste Kumbh Mela?», fragt Jane.

«2010», sage ich.

«Ich werde da sein», sagt Jane.

«Ich auch», sagt Jaquelina.

Freundschaft, ja Verbrüderung in null Komma nix ist unter Reisenden ein Phänomen für sich. Wir kennen uns erst seit, na sagen wir, drei Stunden und planen bereits bis 2010. Es ist also abgemacht. In fünf Jahren zeige ich ihnen das irreste Fest der Welt und heute den Basar. Ich habe ja Töchter. Ich weiß, worauf die stehen.

Der Basar von Haridwar ist groß. Seine Hauptgasse ist über zwei Kilometer lang und hat unzählige Nebenarme. Unzählig ist übertrieben, man könnte sie zählen, aber man kann's auch lassen. Dasselbe gilt für die Läden. Ich kann sie nur schätzen, nein nicht mal das, ich habe keine Ahnung, wie viele Läden auf diesem Basar alles bieten, was Basare zu bieten haben, alles, und noch was darüber hinaus.

Ich bin Basarexperte. Basare entsprechen der märchenhaften Vorstellung vom Reisen, die ich als Kind hatte. Und glauben Sie mir, man hat es mit Basaren heutzutage schwer. Istanbul? Der hatte seine großen Tage vor hundert Jahren. Inzwischen verströmt er ein bisschen zu viel von der überdachten Glas- und Neonatmosphäre, die man aus unseren Geschäftspassagen kennt. Damaskus? Zu schlechte Stimmung und politisch nicht zu empfehlen. Kairo? Entschuldigen Sie, jetzt muss ich lachen. Der Basar von Kairo ist ein Witz, wenn man den Basar von Marrakesch kennt. Aber selbst dessen magischer Glanz verblasst, seitdem der Massentourismus dort shoppen geht.

Der Basar von Haridwar ist all dies nicht. Er ist ein unberührtes Universum, ich weiß nicht, warum. Oder doch, ich weiß es. Haridwar ist eine stolze Stadt. Sie schert sich einen Dreck um Touristen, die hat sie nicht nötig. Sie hat Pilger. Ein paar tausend jeden Tag, und alle zwölf Jahre kommen die zehn Millionen. Das bringt Geld. Dazu ist Haridwar DAS Zentrum der ayurvedischen Medizin weltweit. Das bringt auch Geld. Folge: eine selbstbewusste Stadt, eine entspannte Atmosphäre. Auf dem Basar von Haridwar wird nicht für Touristen sauber gemacht, da gammelt Hardcore-Indien am Wegesrand, trotzdem stinkt es nirgendwo, wegen der Berge von Gewürzen, der Wälder von Räucherstäbchen und der Weihrauchnebel, hinzu kommt der Duft der Parfüms, die unter den Saris schwitzen, na, was sag ich, wir kennen das. Was wir nicht kennen, ist die Vielzahl der Gebrauchsgegenstände, die der Annäherung an das Übersinnliche dienen. Was Yogis an Minimalausrüstung brauchen (Bettelschalen, Gebetsketten, Meditationshilfen), dafür gibt es ganze Gassen. Ich sehe Asketen mit ihren Gurus in Tuchläden sitzen, und es rührt mich, wie sie die Qualität der Mönchsroben prüfen. Auf ihre finanziellen Verhältnisse umgerechnet, kaufen sie sich einen neuen Mercedes.

Jaquelina sieht hauptsächlich Geschäfte, die heilende Steine verkaufen, Jane sieht nach gar nichts oder nach allem auf einmal. Sie scheint ständig nur zu finden. Sie wandelt wie in Trance über den Basar. Vor dem Stand eines Obsthändlers machen wir Pause, während Jaquelina gegenüber Kristalle checkt. Wir setzen uns auf zwei Obstkisten, und ich schäle zwei Äpfel. Ich sehe die Chance, aber ich spüre auch die Gefahr. Mit Jane weiter durch Indien zu reisen würde bedeuten, an ihren Wahrnehmungen teilzuhaben, und mit ihren Augen zu sehen würde bedeuten, alles wieder wie beim ersten Mal zu betrachten. Das ist die Chance. Und die Gefahr? Nun ja, man nennt es das Sugar-Daddy-Syndrom. In Indien kann man auch Sugar-Baba sagen.

Ich werfe die Apfelschalen einer Kleinfamilie heiliger Kühe zu, die sich in der Mitte der Gasse gruppiert hat. Ein Bettler unterbricht mich dabei. Übrigens zum ersten Mal an diesem Nachmittag. Der Basar ist knallvoll mit Menschen in allen Farben und Größen, nur Touristen und Bettler gibt's kaum. Und das ist unbedingt im Zusammenhang zu sehen. Touristen und Bettler sind wie Zapfsäulen und leere Benzinkanister. Ich fische in meiner Hosentasche nach ein paar Münzen, Jane will ihm ihren Apfel geben. Der Bettler schreckt zurück, als hätte er eine Kobra gesehen. «Das darfst du nicht machen», sage ich. «Er ist ein Bettler, aber er ist auch ein Hindu. Für ihn ist der Apfel verunreinigt, weil du schon reingebissen hast.»

Jane steht auf und kauft einen frischen Apfel, den sie dem Bettler gibt. Ich kann fast spüren, wie der Obsthändler sie dafür in sein Herz schließt. Ab sofort behandelt er uns wie Gäste. Wie soll man das erklären? Seine Gastfreundschaft offenbart sich nicht in irgendwelchen Aktivitäten, und er redet auch nicht mit uns. Er sitzt wie vorher in dem Fenster seines kleinen Ladens und verkauft Äpfel, aber plötzlich ist da ein Schutzschild über uns. Er ist absolut unsichtbar, doch er funktioniert. Nicht nur, dass uns niemand mehr anmacht, nicht mal ein Hund, der unsichtbare Schutzschild des Obsthändlers sorgt sogar dafür, dass niemand mehr auf uns reagiert. Auf uns als Touristen, auf uns als Fremde, auf uns als Attraktion. Niemand stiert uns mehr an oder zeigt lachend mit dem Finger auf uns, was sonst oft die Kinder tun. Wir gehören dazu. Der Basar hat uns akzeptiert. Himmel, wie ich das liebe, auf den Fluss der Menschen zu schauen, an dessen Ufer wir auf Holzkisten sitzen.

8. Jesus, Hannibal, Gaddafi und ich

Zurück in Rishikesh, liege ich auf meinem Bett. Ich brauche nichts zu tun. Nicht mal entspannen. Jaquelina macht alles. Derzeit ist sie damit beschäftigt, auf dem Tisch die KERZEN zu gruppieren. Plus ein paar Kristalle. Jane hat sich neben das Bett gesetzt und lächelt. Ich denke mir, während die Vorbereitungen ihren Lauf nehmen, meinen Teil. Meine Einstellung zu Geistheilungen ist folgende: Wenn ich krank bin, gehe ich zum Arzt und bitte ihn, mir etwas zu geben, das wirkt. Gott schütze mich vor den Heilpraktikern. Haben sie im Dreißigjährigen Krieg die Pest gestoppt? Oder die Syphilis? Ich baue auf Chemie. Was ich damit sagen will, ist vielleicht noch nicht ganz klar. Also nochmal. Wenn einer kein Haschisch mag, dann mag er auch kein LSD. Wenn einer nicht an Ayurveda und Bachblütentherapie glaubt, warum soll er dann Geistheiler konsultieren? Ich hoffe, Sie erwarten keine Antwort von mir.

«Okay», sagt Jaquelina, «fangen wir mal an.»

Sie stellt sich vor das Bett, schließt ihre Augen, meditiert. Man kann auch sagen, sie telefoniert. Mit Maria? Und Jesus? Heute Morgen hat sie gemeint, dass sie mit den beiden öfters arbeitet. Aber auch mit afrikanischen Geistern, deren Namen ich leider vergessen habe. Warten wir es ab. Sie erwacht. Sie streichelt mit beiden Händen die Luft in kreisrunden Bewegungen. Jane sitzt währenddessen weiter am Bett und lächelt. Das geht so eine ganze Weile, dann tritt Jaquelina an den Tisch mit dem Operationsbesteck. Sie wählt einen grünen Kristall in Pyramidenform. Sie beginnt, ihn etwa in einer Höhe von zwanzig Zentimetern über meinem Körper zu bewegen. Hin und wieder stoppt sie und fixiert die Spitze des Kristalls auf einen Punkt. Aber nie berührt sie mich damit. Darum spüre ich auch nichts. Nur einmal hat kurz meine Niere gepikt. So was hat man manchmal auch ohne Kristall. Egal, es erleichtert mich. Denn sie wird mich nachher fragen, was ich erlebt habe, und dass es pikte, ohne dass sie mich berührt hat, ist mit Sicherheit ein Erfolgserlebnis für sie.

Was die Zigeuner angeht, die ich um Verzeihung bitten soll? Ich tue mein Bestes. Was immer meine Urahnen euch angetan haben, es tut mir leid. Und: Ich habe nichts damit zu tun. Ich mag Zigeuner. Ich steh auf Flamenco. Hört ihr mich? Ich bin kein Rassist. Meine Kinder auch nicht. Lasst sie in Ruhe. Und mich. Obwohl die Schwerhörigkeit manchmal auch ganz angenehm ist. Auf der Straße, unter 'ner Boeing, wenn Idioten reden. Na ja, man muss sich entscheiden. Mein Zeitgefühl lässt mich übrigens ein wenig im Stich. Waren es zwanzig Minuten? Oder eine Stunde? Endlich legt Jaquelina die kleine Pyramide zurück auf den Tisch.

Bei der Nachbesprechung zählt Jaquelina die Geister auf, die im Raum waren. Sie nennt sie beim Namen, und man soll gar nicht glauben, dass so viele Geister in einen Raum passen. Ich kenne keinen, bis auf den, der für mich am Kreuz gestorben ist. Wäre es nicht Jaquelina, sondern der Glöckner von Notre-Dame, ich würde nicht hinhören. Ich hätte allerdings auch bei ihm schon im Vorhinein die Behandlung abgelehnt. Plötzlich schreckt Jaquelina auf. Sie zeigt in eine Zimmerecke. «Da ist ein Engel», sagt sie. «Ein sehr mächtiger Engel.»

Ich schaue in die Ecke, aber sehe nichts. Wahrscheinlich trägt Jaquelina eine Engel-Röntgenbrille. Ist es mein Schutzengel? Wenn ja, dann sollte ich die Gelegenheit nutzen, ein paar Worte des Dankes an ihn zu verlieren. Er hat nicht das große Los mit diesem Klienten gezogen. Ich habe ihm 'ne Menge Arbeit gemacht. Vor allem, als ich so um die siebzehn war. Jeden Tag LSD. Erinnerst du dich? Danach war ich reif für die Klapsmühle. Oder für Indien. Über Land. Zehntausend Kilometer mit fünfhundert Mark. Du warst pausenlos im Einsatz. Gegen Steine werfende Jugoslawen, türkische Polizisten, kurdische Wölfe (die echten) und bitterböse iranische Offiziere. Nur einmal hast du geschlafen. Bei der Elefantiasis in Pakistan, wo warst du da? Na? Okay, so was fragt man in einer Dankesrede wahrscheinlich nicht. Also danke für den Libanon, als du den Hisbollah-Milizen ausgeredet hast, mich zu erschießen, und natürlich tausendmal danke für den Amazonas. Hast du dafür Verstärkung angefordert? Wahnsinn. Ein europäischer Großstadtbolide läuft mit brasilianischen, kolumbianischen und venezolanischen Goldsuchern durch den ABSO-LUTEN Regenwald. Insgesamt zwei Begegnungen mit Menschen fressenden Jaguaren und mindestens drei mit Giftschlangen (pro Tag), einmal bin ich von einem Kanu versehentlich direkt auf den Rücken eines Krokodils gesprungen, und einmal haben uns Armeehubschrauber gejagt. Danken möchte ich dir auch für all die Male, an denen ich haarscharf an der Syphilis vorbeigeschrammt bin. Das warst DU, nicht die Präservative. Hast DU mir eigentlich auch da oben, an der Quelle des Ganges, eingeflüstert, Vinod nicht zu vertrauen? Wenn ja, dann auch dafür ein herzliches Dankeschön. Er hätte mich wahrscheinlich im Dschungel in die Pfanne gehauen. Ich hab's beim Abschied gemerkt. Er wollte zehnmal so viel Geld wie abgemacht. Und er hat echt finster dreingesehen, als ich ihm nur das Doppelte gab. Erinnerst du dich? Er hat gesagt, ich soll ihm vertrauen, und du hast gesagt, hey, Mann, warum willst du jemandem ohne Not dein Leben in die Hand geben, den du erst seit zwei Tagen kennst? Und wenn ich es richtig überlege, sollte ich dir wohl auch dafür dankbar sein, dass die wahnsinnig schöne Geistheilerin derzeit Herpes hat. «Woran denkst du?», fragt sie gerade.

«Ich fühle noch nach.»

Das war die richtige Antwort. Ich soll es arbeiten lassen, rät sie. Die Wirkung einer Geistheilung stelle sich in den meisten Fällen erst später ein. So spät nun auch wieder nicht, wie sich zeigt: Nachdem sie gegangen sind, merke ich, es wirkt schon. Allerdings nicht wie geplant. An der Schwerhörigkeit hat sich nichts getan. ABER ICH KANN ENDLICH SCHLAFEN.

Wie ein Stein. Und ohne Unterbrechung. Zum ersten Mal seit meiner Ankunft in Indien ratze ich die ganze Nacht durch und wache erst gegen elf wieder auf. Und so geht es an diesem Tag weiter. Erst mache ich noch ein Mittagsschläfchen, und draußen liege ich auch nur rum. Ich habe dafür einen Lieblingsplatz. Den Garten der Divine Life Society, einen der größten Ashrams der Stadt. Der Garten ist öffentlich, und er ist eigentlich auch kein Garten. Eher eine begehbare heilige Schrift. Die wichtigsten Szenen des zweitausend Jahre alten Sanskrit-Epos Mahabharata werden in Schaukästen gezeigt. Götterfiguren in Minilandschaften. Hütten, Höhlen, Paläste, sogar den Himalaya haben sie zwei Meter hoch und drei Meter breit nachgebaut. Die Quelle, ein paar Wasserfälle, Shiva nebst Gemahlin, Vishnu, die ganze Bande. Und Schrifttafeln erzählen, was sie da machen. Es wäre ein Einfaches, von Schaukasten zu Schaukasten zu gehen und abends ein Buch zu schreiben, das den Hinduismus in einer zeitgenössischen Sprache erklärt. Aber dank der Geistheilung gestern Nacht interessiere ich mich ausschließlich für die Bänke in diesem Garten. Ich wähle eine mit Blick auf das große Tor des Ashrams, und weil es offen steht, handelt es sich bei meiner Bank im Grunde um eine mit Ausblick auf den Ganges. Ich bleibe auf ihr den ganzen Nachmittag. Die Bäume spenden Schatten, die Saris Farben, die Menschen gehen nicht, sondern wandeln an mir vorbei oder sitzen auf den Bänken oder liegen wie ich. Alle sind entspannt. Alle sind sauber. Alle haben bereits im Ganges gebadet und ihre Sünden abgewaschen, nur ich noch nicht. Ich bin zu müde dazu. Meine Energie reicht gerade mal, um einen Satz ins Notizbuch zu schreiben. Nein, es sind zwei.

«29.10.05, im Garten der DLS. Zum Thema Sünden-waschen: Sünde ist Schuldbewusstsein und die Unfähigkeit, sich selbst zu verzeihen. Wenn du fest daran glaubst, dass der Fluss den Job für dich macht, dann macht er den Job.»

Das war's, mehr Sätze schaffe ich nicht. Außerdem glaube ich nicht daran, dass der Fluss den Job macht. Und warum glaube ich es nicht? Weil ich es nicht glauben will. Die Mechanik ist mir zu durchsichtig. Immer wieder haben Religionsgründer vernünftige und praktische Dinge mystifiziert, um Gutes zu tun. Moslems werfen sich fünfmal pro Tag zu Boden, um zu beten. Buddhisten machen Ähnliches. In beiden Fällen ist dieses Gespräch mit Gott auch Gymnastik. Christen kriegen beim Abendmahl ein Schlückchen Wein (auch gesund), und wenn ich vor sechstausend Jahren ein Hindupriester am Ganges gewesen wäre, dann hätte ich auch behauptet, dass ein Bad in diesem Fluss von allen Sünden befreit, damit sich die Leute wenigstens einmal am Tag richtig waschen.

Kombiniert man das mit der seelischen Selbsthypnose, die im Grunde jeder Glauben ist, trägt man doppelten Nutzen davon. Gesund und fromm, sauber und geläutert. Wenn ich es recht bedenke, bringt mich das auf einen schmalen Pfad, weil es für alles stimmt, woran man glauben kann.

Was ist denn zum Beispiel mit meinem Amulett?

Ich trage Ganesha auf der Brust, und immer wenn es Probleme gibt, denke ich an den «Überwinder aller Schwierigkeiten» und fasse ihn kurz an. Das läuft nicht konform mit meinem Erkenntnisstand. Natürlich kann ich sagen, dass ich mich nur an die Eigenschaften, die ihm zugesprochen werden, erinnern will, an die Strategien, mit denen er sich durchsetzt – mit dem Kopf durch die Wand, mit den Stoßzähnen was wegspießen, die Ratte Schlupflöcher suchen lassen –, aber das stimmt nicht. Obwohl ich hundertprozentig weiß, dass es keinen Elefantenköpfigen gibt, der für mich den Job macht, lässt etwas in mir von diesem Glauben nicht ab. Etwas hat sich verselbständigt, und ich wette, dass dasselbe auch mit einer leeren Cola-Dose funktioniert. Du brauchst sie nur ein Jahr lang jeden Morgen anzubeten, und an dem Tag, an dem du es vergisst, hast du ein schlechtes Gewissen.

Hare Ram
Hare Cola?

Ich höre Gesänge. Ein Haufen Ashramschüler in orangen Roben zieht fröhlich an mir vorbei. Nur Jugendliche und Kinder, bis auf den in ihrer Mitte. Den schätze ich auf vierzig plus. Lange Haare, voller Bart und dicker Bauch. Ihr Guru. Ich kenne ihn nicht, ich weiß nicht, was er kann. Wahrscheinlich nicht so viel wie Jesus, aber der Vorteil von dem Dicken ist: Er lebt. Ich komme drauf, weil mir Jaquelina gestern erzählt hat, dass sie zwar mit allen möglichen Geistern Kontakt hat, aber JESUS IHR WEG ist. Ich habe sie angelächelt und nichts dazu gesagt. Ich mag zu sehr, wie sie strahlt. Ich habe also nur still bei mir gedacht, dass Jesus ein paar tausend Jahre tot ist und sie deshalb von ihm in etwa so viel Hilfe erwarten kann wie

Gaddafi von Hannibal. Wo ist Jaquelina eigentlich? Und Jane? Ich habe sie den ganzen Tag noch nicht gesehen.

Ich stehe auf und folge den kleinen Mönchen. Es ist die Zeit dafür. Bereits dunkel und fast sechs. Ganga Arti fängt gleich an. Und es ist nicht weit bis dahin. Gleich vor dem Ashramtor sind die Stufen, auf denen jeden Abend ein paar hundert Menschen sitzen und das heiligste und wahrscheinlich auch älteste Lied Indiens singen. Es wird überall am Ganges gesungen, von Gangotri bis Kalkutta, aber hier, vor dem Ashram der Divine Life Society in Rishikesh, mag ich es am liebsten. Die Bühne ist so malerisch, die Götter sind so schön. Sie sind aus Stein und farbenfroh bemalt und ideal proportioniert. Krishna lenkt einen Streitwagen in Lkw-Größe, den vier steinerne Rösser ziehen. Hinter ihm steht Arjuna, der Held, mit Pfeil und Bogen. Es ist eine Szene aus der Bhagavadgita. Einem philosophischen Gedicht. Ich habe die Bhagavadgita mal geliebt. Ich trug sie stets bei mir, was kein Problem war, denn Reclam verkaufte sie im Hemdtaschenformat. Man kann sie aufschlagen, wo man will, die Verse treffen immer. Das ist lange her, man ändert seinen Geschmack. Heute lese ich lieber Gedichte von Bukowski. Und wissen Sie was, manchmal denke ich, dass sie und die Bhagavadgita inhaltlich identisch sind, sprachlich natürlich nicht. «Wer gleich sich bleibt, bei Freud und Leid, der reift für die Unendlichkeit», sagt Krishna zu Arjuna. «Kipp noch 'n Bierchen, es geht sowieso alles den Bach runter», würde Bukowski sagen, aber das ist doch dieselbe Message, oder nicht? Krishnas Streitwagen steht oben am Weg, Shiva ist unten im Ganges. Wie unterschiedlich die Religionen sind. Jesus geht über Wasser, Shiva sitzt drauf. Im Lotussitz, wie immer. Die kleinen Mönche haben sich inzwischen auch gesetzt. Direkt an das Ufer. Drei in einer Reihe, zwanzig Reihen insgesamt. Sie bewegen ihre Oberkörper synchron zum Gesang. Es sieht wie eine orange Welle aus. Auf den Stufen drängen sich Pilger, Anwohner und Touristen. Fast alle singen mit. Einer von ihnen bin ich. Und wie alle habe ich ein Körbchen aus Palmenblättern gekauft, um es nach dem Lied wie ein Schiffchen auf den Fluss zu setzen. Ein paar Blüten, Wachs und ein Kerzendocht sind darin. Ist das schizophren? Eben noch bekennender Atheist und Ganges-Entmythologisierer, und jetzt dies:

Du bist mein Vater
Und Du bist meine Mutter
Du bist mein Bruder
Und Du bist mein Freund.

Du bist Weisheit
Du bist Reichtum
Du bist alles für mich, mein Gott.

Das ist die Übersetzung von dem, was hier gerade gesungen wird. Das Lied hat eine wunderschöne Melodie. Sehr kindlich, sehr rührend, sehr herzöffnend. Und nur darum geht's. Und plötzlich, zack, sitzt rechts Jaquelina neben mir und, zack, links Jane. Ich freue mich ungemein, sie wiederzusehen, und sie freuen sich anscheinend über mich. Sie wissen ja sowieso, dass ich nicht so nihilistisch bin, wie ich tue. Auch sie haben die Palmenblattschiffchen für zehn Rupien gekauft, und einer nach dem anderen übergibt es den Wellen und wünscht sich was dabei. Und dazu, man braucht es wohl kaum noch zu erwähnen, leuchten wieder mal die Sterne. Und die große Himmelslaterne.

Ein halbes Stündchen später habe ich eine schwache Minute. Jaquelina stellt mir nach der Ganga Arti einen Schweizer vor, und so wie der aussieht, hätte ich ihn früher danach gefragt, ob er etwas zu kiffen dabeihat. Jetzt frage ich ihn auch danach, glücklicherweise hat er nichts, jedenfalls nicht am Körper. Im Hotel ja, aber er wohnt in Lakshman Jhula, und so weit reicht meine schwache Minute nicht. Die satte Trägheit des Tages scheint sich in den Abend hinüberzuretten.

Ich schlage vor, in einem der besseren Restaurants essen zu gehen. Es erweist sich als gute Idee. Wir kriegen einen schönen Tisch im ersten Stock. Der Schweizer hat uns inzwischen verlassen, dafür kommt ein Belgier, den Jaquelina ebenfalls wie einen alten Freund begrüßt. Sie ist erst drei Tage in Rishikesh, warum kennt sie schon so viele Leute? Die Antwort ist beschämend für mich. Sie ist offen, ich nicht. Der Belgier setzt sich an den Tisch und sagt:

«Ich habe heute herausgefunden, dass ich im letzten Leben ein deutscher Offizier gewesen bin, der gegen die Franzosen gekämpft hat.»

Hat er vorher eigentlich «Hallo» gesagt oder «Guten Abend»? Ich kann mich nicht erinnern. Wie hat er das denn herausgefunden?

«Durch Pendeln.»

«Und wie geht das?»

«Frag Jaquelina. Die kann es besser erklären. Aber die kann es auch so, ohne Pendel.»

Will er mit ihr schlafen?

Der Kellner eilt herbei. Supernetter Kerl. Er nimmt die Bestellung auf. Als er wieder geht, komme ich zur Sache.

«Hör mal, wenn das stimmt, dann bist du vielleicht mein Großvater gewesen. Der hat gegen die Franzosen gekämpft. In zwei Weltkriegen. Und nicht einen Schuss abbekommen. Nicht mal 'nen Streifschuss. Erinnerst du dich?»

Der Belgier übergeht das. Als hätte ich ihn was anderes gefragt, sagt er: «Mein spiritueller Name ist Siegfried.»

«Nee, dann kannst du es nicht gewesen sein. Mein Großvater hieß Wilhelm.»

Damit ist das Thema vom Tisch. Stattdessen kommen Speisen und Getränke drauf. Ich hatte etwas sehr Sahniges bestellt und schwelge darin. Die Frauen essen was anderes, der Belgier isst nichts. Er hat bereits im Ashram gespeist. Kalorienarme, ayurvedische Kost. Ich lasse Jaquelina von meinem Gericht probieren, das nimmt dem Belgier jede Chance. Esoterik ist das eine, gutes Essen das andere, mein Herr.

«Du liebst das Leben», sagt er.

«Was sonst?»

Auf diese Frage bleibt mir der Belgier die Antwort schuldig. Das Gespräch dreht sich stattdessen um andere Gemeinsamkeiten in unseren Biographien. Wir haben beide eine gute Zeit in Lateinamerika gehabt. Er in Brasilien, ich in Kuba. Natürlich, es gibt regionale Unterschiede. Aber das Wesentliche war gleich. Koks,

Saufen, Weiber. Wir haben es Amor genannt. Und abgedankt. Weder der Belgier, der um ein Haar in seinem letzten Leben mein Großvater gewesen ist, noch ich nehmen noch Koks.

«Was meint ihr eigentlich dauernd mit Koks?», fragt Jaquelina.

«Kokain», antworten der Belgier und ich unisono.

Kommt sie wirklich aus Wien oder von einem anderen Stern? Ist sie wirklich Juristin oder ein Fabelwesen? Ich mag sie inzwischen richtig gern. Wie ein Engel, der frisch seinen Dienst antritt. Schade, dass sie morgen früh nach Delhi fährt. Und morgen Nacht nach Deutschland fliegt. Darum will sie jetzt auch langsam ins Hotel zurück. Sie braucht ihren Schlaf. Wem sagt sie das.

In der Nacht habe ich einen Traum. Eine Riesenschlange frisst mich. Das ist bemerkenswert, im Grunde ein Phänomen. Immer wenn ich mit dem Kiffen aufhöre, kommen die Träume zurück. Ich habe eine Theorie dazu. Sie besagt, dass Haschisch die Träume wegschlabbert, weil es an derselben Quelle zapft. Schade eigentlich. Träume sind die Tagesschau des Unterbewussten, ohne sie wird man nicht rundum informiert. Die Traumdeutung findet beim Frühstück statt. «Schlangen sind ein Symbol für Transformation», sagt Jaquelina. Also eine gute Nachricht: Mein Unterbewusstsein erzählt mir dasselbe wie mein Bewusstsein, ich verändere mich so radikal, dass man es transformieren nennen kann. Von gläubig zu ungläubig, von romantisch zu unromantisch, vom Kiffer zum Biertrinker, vom Nomaden zum Sesshaften, vom Anarchisten zum Spießer.

Das hat alles Sinn und tut nicht weh. Nur ein Problem bleibt bestehen: Was will ich dann hier? Ich meine, mit dieser Einstellung durch Indien zu fahren ist doch ähnlich schlau wie eine Reise durch Kalifornien mit Silikonallergie.

9. Scarlets Zaubersatz

Die Karre ist ein modernes indisches Auto der Marke Tata. Es sieht aus, wie Autos überall auf der Welt aussehen. Es könnte genauso gut ein Kleinwagen aus japanischer, spanischer, tschechischer oder deutscher Produktion sein. Das moderne Indien bringt uns ins moderne Indien zurück. Wie schön. Der Fahrer ist auch 'ne Schönheit. Er hat seinen Pony rot gefärbt, weil das der letzte Schrei in Bollywood ist. Er heißt Rama, wie unsere Margarine, aber das weiß er nicht. Rama mag Hindi-Pop, und der Tata hat eine gute Anlage. Startsong ist die indische Version von «Pretty Woman». Mir gefällt sie besser als das Original, obwohl ich mir denken kann, dass Rama die Auswahl nicht nur aus musikalischen Gründen getroffen hat. Er sagte mir vor der Abfahrt, dass er Jaquelina unheimlich schön findet.

Mit «Pretty Woman» und alles in allem glänzender Laune geht es raus aus Rishikesh, und wir fädeln uns auf die Überlandstraße ein. Was folgt, sind zweihundertfünfzig Kilometer Tortur. Überlandstraßen waren in Indien noch nie ein Vergnügen, aber der Wirtschaftsboom auf dem Subkontinent hat aus dem Vorhof der Hölle die Hölle selbst gemacht. Es gibt zehnmal so viele Kraftfahrzeuge wie vor zehn Jahren. Aber nicht zehnmal so viele Straßen. Ich fürchte, nicht mal doppelt so viele. Wie das aussieht? Nun ja, in der freien Landschaft zwischen den Städten fährt man Kolonne. Nähert man sich den Städten, fährt man Stop-and-go, und in den Städten fährt man Autoscooter. Wir kennen das vom Rummelplatz. Kinder sitzen in Elektrowägelchen und suchen den Crash. Der Unterschied zwischen den Kirmeskarren und den Karren, in denen ich jetzt eingekeilt bin, ist allerdings mannigfach. Erstens sind diese schneller, zweitens sind sie nicht rundum mit dicken Gummiwülsten gepolstert, und drittens sind es keine Elektroautos. Benzin, Diesel und wahrscheinlich noch Schlimmeres treiben sie voran oder wüten im Leerlauf, und die wenigsten haben einen Katalysator wie Ramas moderner Tata. Sie haben nicht mal einen Auspuff. Okay, das ist übertrieben. Ein bisschen Auspuff ist überall noch dran. Kein Problem, Ramas Tata hat Airconditioning. Sein oder Nichtsein? Das ist hier nicht die Frage. Ersticken oder erfrieren? Darum geht's in diesem Fall. Wir entscheiden uns für Erfrieren. Und dann doch lieber für Ersticken.

Zur Landschaft ist auch etwas zu sagen. Sie ist langweilig. Flach, grün, konsequent durchsiedelt. Im Himalaya greift die Überbevölkerung nicht, aber kaum biegt man in die nordindische Tiefebene ein, wehen Ahnungen herbei, was 1,2 Milliarden Menschen bedeuten. Weil also weder Tempo noch Aussicht auf dieser Fahrt ein Amüsement sind, konzentrieren wir uns ganz auf Ramas Zukunftspläne. Er will von mir wissen, ob Ja-

quelina verheiratet ist. Sie sitzt hinten, und im Rückspiegel sehe ich sie intensiv nicken. «Nein», sage ich,
«sie ist nicht verheiratet.» Und rums! habe ich ihr Knie
in meinem Rücken. «Aber sie hat einen Freund?», sagt
der Taxifahrer. Jetzt sehe ich Jaquelina im Rückspiegel
nicht nur nicken, sondern auch die Innenflächen
ihrer Hände zum Gebet zusammenlegen. «Nein», sage
ich, «sie hat auch keinen Freund. Du hast Glück, sie
ist noch frei.» Von der Rückbank kommt ein kleiner
Schrei. «Und hörst du, Rama, sie mag dich.»

Natürlich wissen wir alle, dass wir hier Spaß machen, aber ein Körnchen Wahrheit ist zumindest für
Rama doch dabei. Jeder Inder, der noch nicht in Europa war, will nach Europa. «Das ist nicht so einfach»,
sage ich.

«Warum? Ich brauche nur so ein Papier. Das muss
sie unterschreiben.»

«Du meinst ein Visum?»

«Papier.»

Wir lachen fürchterlich. Dann beginnt Rama, Jaquelina nach ihrem Leben in Österreich zu befragen.
Er will wissen, was für ein Auto sie fährt. Als er hört,
dass sie nur ein Fahrrad hat, kommt er ein bisschen
aus dem Takt. Macht aber nichts, weil wir sowieso gerade wieder stehen. Irgendwo, Kilometer vor uns, ist
eine Bahnschranke heruntergegangen. Irgendwo, Kilometer hinter uns, ist das Ende der Schlange. Trotzdem
fahren ständig irgendwelche Vögel auf dem Seiten-
streifen an uns vorbei. Das ärgert mich ungemein,
denn diese Vögel, die sich vorne wieder in die Schlange
reindrängeln, sind durch die Bank Chauffeure von Lu-
xusschlitten, und was mich daran ärgert, ist zweierlei:

a) die selbstverständliche Arroganz der Reichen und b) die selbstverständliche Akzeptanz dieses Verhaltens seitens der Nichtreichen. Keiner stellt sich ihnen in den Weg. Sie denken nicht mal dran. Reichtum ist wie Glück und Schönheit die Folge von gutem Karma. Und was ist mit denen, die keine Hindus, sondern Moslems sind? Sorgen die hier für Gerechtigkeit? Kein Stück. Auch sie lassen, ohne überhaupt zu registrieren, dass sie verarscht werden, die S-Klassen an sich vorbei. In denen ja nicht nur Hindus sitzen, sondern auch ihre Leute sowie Buddhisten und Christen. Religionen mögen anderswo das eine oder andere bewirken. Auf der Straße bewirken sie nichts. Wozu braucht man sie dann?

Was man bräuchte, wären vernünftige Autobahnen, um hier die Welten zu trennen. Denn das vergaß ich bisher über den Verkehr auf einer indischen Überland-straße zu sagen: Er ist ganzheitlich. Im historischen Sinn. Was immer seit der Erfindung des Rads für Be-wegung sorgte, ist auf ihr unterwegs. Fangen wir mal oben an. Ich habe Rolls-Royce gesehen und Jaguars, auch fette Mercedesse und BMWs. Die Mittelklasse ist meistens japanisch, in der Klasse darunter fahren wir. So weit, so modern, aber in der endlosen Karawane der Lastwagen reicht das Baujahr schnell mal zurück bis in die sechziger Jahre, dasselbe gilt für die Parallelkara-wane der Busse. Immerhin sprechen wir hier noch von den sechziger Jahren des 20. Jahrhunderts. Es gibt aber auch Fahrzeuge auf dieser Straße, die irgendwann in der Steinzeit up to date waren. Wann genau wurde der Wasserbüffelkarren erfunden? Ungefähr mit dem Was-serbüffel. Und Wasserbüffel gibt's schon lange. Sie sind eine sehr erfolgreiche Spezies. Stark, wehrhaft und nicht wasserscheu. Sogar schnell. Ich habe 'ne Menge von ihnen im Galopp Fahrräder, sogar Motorrikschas überholen sehen. Trotzdem wäre eine neue Autobahn für alle hier das Beste. Glauben Sie mir.

Je näher wir Delhi kommen, desto schweigsamer werden wir. Nicht weil wir die Hauptstadt fürchten. Es ist eben so, dass man sich nach vier Stunden Fahrt nichts mehr zu sagen hat, es sei denn, man liebt Wiederholungen. Jeder brütet vor sich hin, und was mich angeht, ich brüte über einem alten Problem. Warum taugen eigentlich meine Schwüre nichts? Das wird beim Jüngsten Gericht mit Sicherheit einmal Thema werden. Hatte ich dem Ganges nicht etwas versprochen? An seiner Quelle, also hoch und heilig? Und jetzt? Fließt der Ganges neuerdings nach Delhi? Nein, das macht er nicht. Er biegt weiterhin hinter Haridwar nach links in Richtung Varanasi ab. Und noch etwas. Wie kommt es eigentlich, dass man immer mehrere Stimmen in sich hat? Soeben sprach der Richter, jetzt spricht der Verteidiger. «Nee, Euer Ehren, so war das nicht. Mein Mandant hat nicht dem Ganges was versprochen, sondern er hat im Angesicht des Ganges sich selbst ein Versprechen gemacht.»

«Ein Versprechen an sich selbst zu brechen ist ein noch abscheulicheres Verbrechen», sagt der Richter.

«Einspruch, Euer Ehren. Wenn das Selbst der Adressat eines Schwurs gewesen ist, dann kann das Selbst natürlich auch auf dessen Erfüllung verzichten.»

Die Verhandlung wird vertagt. Denn morgen ist Happy Diwali, das wichtigste Fest Indiens. Es ist vergleichbar mit unserem Weihnachten, und man sollte es mit Freunden verbringen. Aber Jaquelina fliegt nach Deutschland, Jane geht irgendwohin, und ich habe keine Lust, allein den Ganges weiter runterzuziehen. So einfach ist das mit dem Brechen von Versprechen. Es ist die Angst, (wieder) allein zu sein. Nein, Angst ist zu viel. Es ist ein Unbehagen.

Außerdem sehne ich mich nach Alkohol.

Es wird dunkel. Das steht Indien immer. Die Lampen, Lichterketten und knallbunten Neonröhren, die Garküchen inklusive der offenen Flammen unter den Teepötten, die Leuchtreklamen, die Funzeln an den Fahrrädern, all das und noch so viel mehr verzaubert die Trostlosigkeit der kleinen und mittleren Industriestädte zwischen dem Himalaya und New Delhi in etwas Aufregendes, in dem die Farben stimmen. Aber was ich sehe, als wir endlich am Stadtrand von New Delhi sind, sprengt den Rahmen aller bisherigen Genüsse. Ich sage sprengen, weil ich einfach nicht weiß, wie ich es bewerten soll. Ist es lustig, oder ist es traurig? Schön oder schaurig? Romantisch oder unromantisch? Lieb oder böse? Das Ende oder der Anfang? Ich kann mich nicht entscheiden. Vielleicht können Sie's. Folgendes Bild: Der Stadtrand von Delhi ist nur noch Industrie und Straßenverkehr. Luft ist abgeschafft, die Blumen sind erstickt, keine Bäume, nicht mal Gras hat überlebt. Und dann stehen da im Herzen der Finsternis und des Smogs plötzlich riesige Vergnügungsparks mit fluoreszierenden Neonpalmen in Originalgröße. Der alte Traum von Indien. Im Hightechgewand. Also ich bin wirklich niemand, der sagt, früher war alles besser, aber daran muss ich mich noch gewöhnen. Werden hier demnächst computergesteuerte Laser-Götter im schwebenden Lotussitz oder auf Streitwagen den Verkehr regeln? Werden Neontiger die Leuchtpalmen als Kratzbäume benutzen? Wird das gesamte Personal des Paradieses auf diese Weise auferstehen? Ist das die Vision? Der Mensch hat's genommen, der Mensch gibt's wieder zurück.

Das sind wichtige Fragen, aber vor Ort werden langsam auch andere Fragen aktuell. Rama will wissen, ob er Jaquelina direkt zum Flughafen bringen soll, doch das ist 'ne blöde Idee. Wir würden ihn so gegen 20 Uhr erreichen, und dann müsste sie da vier Stunden herumstehen. Und der Internationale Flughafen von New Delhi hat, anders als der von Singapur, kein Schwimmbad auf dem Dach. Ich schlage deshalb vor, dass wir zuerst zum «United Coffee House» fahren und ein paar Bierchen stemmen, dann kann er uns zu einer Freundin bringen, die in Nizamuddin wohnt, und von dort wird sich Jaquelina später ein lokales Taxi zum Flughafen nehmen. Jetzt will Rama wissen, ob er auch bei dieser Freundin in Nizamuddin auf Jaquelinas Abflug warten kann. Bei der Vorstellung, wie Scarlet darauf reagiert, wenn ich ihr einen Taxifahrer aufs Sofa setze, muss ich grinsen. «Nein, Rama, das geht nicht. Sie ist eine indische Upperclass Lady.» Damit ist für ihn das Thema sofort vom Tisch. Und wie wird Scarlet auf Jaquelina reagieren? Was hat Knigge dazu parat? Es ist unhöflich, einer schönen Frau eine andere schöne Frau mit ins Haus zu bringen. Vor allem, wenn die andere deutlich jünger ist.

Scarlet reagiert wie gewohnt fabelhaft. Sie freut sich 'nen Ast ab, als ich in ihrer Tür stehe, und als sie sieht, dass da noch jemand hinter mir ist, sagt sie «wunderbar» und lächelt die nächsten drei Stunden. Nachdem uns Jaquelina verlassen hat, hört sie auf zu lächeln und beginnt zu grinsen. «Nein, Scarlet», sage ich, «es ist nicht so, wie du denkst.»

Nein, so war es nicht. Ich hatte mit Jaquelina draußen auf das Taxi gewartet, und weil es ein wenig verspätet kam, hatte ich genügend Zeit nachzufühlen, was für eine Art Abschied das war. Es war kein Abschied von jemandem, den man erst drei Tage kennt, aber es war auch kein Abschied, der einem das Herz bricht. Wir haben durch unsere Begegnung im Himalaya beide etwas bekommen, und jetzt verlor keiner etwas. Es lebe die Freundschaft. Sie ist immer ein Geschenk.

Ich bleibe ein paar Tage in der Stadt. Hauptsächlich verbringe ich sie in Internetshops und an Orten, wo es Alkohol gibt. Außerdem kann ich ausgiebig Zeitungen lesen. Stand der Dinge in Sachen Bombenattentat: Die «Times of India» hatte ein Phantombild von einem der Attentäter abgedruckt, und in einem Vorort von Delhi meinten Leute, Ähnlichkeiten zwischen dem Phantom und einem Mann aus Kaschmir zu entdecken, der daherspaziert kam. Erst haben sie ihn fürchterlich zusammengeschlagen und dann der Polizei übergeben, die weiter auf ihn einprügelte. Als sich herausstellte, dass der Arme nicht mit dem Terroristen identisch ist, haben sie ihn davonhumpeln lassen, und nicht einer hat auch nur «nichts für ungut» gesagt. Nicht mal der Zeichner des Phantombildes hat sich bei ihm entschuldigt. Was den Busfahrer angeht, der eines der Bombenpakete aus dem Fenster geworfen hat und dabei sein Augenlicht verlor: Die Zeitungen nennen ihn noch immer «den Helden von New Delhi», aber es nützt ihm wenig. Die Stadtverwaltung zahlt ihm für die Rettung seiner rund hundert Fahrgäste eine Heldenprämie in Höhe von zwanzigtausend Rupien, also vierhundert Euro. Das reicht für die Operationen, die nötig sind, hinten und vorne nicht, sagen die Ärzte. Wenn da nicht mehr kommt, bleibt er blind. Nee, mehr Geld kommt nicht, sagt die Stadtverwaltung, aber wir haben noch ein anderes Geschenk für ihn. Wir stellen ihn an. Bisher war er ja nur Freiberufler, ein Aushilfsfahrer. Jetzt kriegt er einen richtigen Vertrag. Falls er wieder sehen kann.

Das Bombenattentat ist auch dafür verantwortlich, dass Happy Diwali weniger gefährlich als sonst ausfällt. Es entspricht nicht nur unserem Weihnachten, sondern auch unserem Silvester. Normalerweise werden an diesem Freudentag Tonnen von Feuerwerkskörpern verballert, aber nach den Explosionen im Bahnhofsviertel herrscht deutlich geringere Lust dazu. Trotzdem müssen Scarlet und ich ab und zu die Straßenseite wechseln und zweimal wieder zurückgehen, weil die Kreuzung, die vor uns liegt, nicht mehr wie eine Kreuzung in New Delhis Nobelkolonie Nizamuddin aussieht, sondern eher an eine in Bagdad erinnert. Okay, so schlimm ist es nicht, und ich will mir auch nicht dauernd selbst widersprechen, zumindest nicht in einem Absatz, aber ich mag Feuerwerkskörper nun mal nicht. Es sei denn, ich bin betrunken. Dann mag ich sie auch nicht, aber ich kann es besser ertragen. Ich bin aber noch nicht betrunken. Wir sind erst auf dem Weg dazu. Eine Freundin von Scarlet hat uns zu einer Party eingeladen. Sie wohnt nur wenige Straßen entfernt, und ihr Haus gehört zu den ganz fetten in der Kolonie. «Was macht sie?», frage ich Scarlet, während wir an der Tür läuten. «Sie hat eine Textilfabrik, Schätzchen.»

Partys der indischen Oberklasse sind häufig ein wenig steif. Das ist hier nicht anders. Fünf Frauen und vier Männer machen Smalltalk in teuren Sitzmöbeln oder stehen in dem wie erwartet geschmackvollen Ambiente, um schweigend am Glas zu nippen. Auffällig ist, dass alle anwesenden Inderinnen körperbetonendes Schwarz tragen, plus schwarze High Heels oder schwarze Stiefel. Ich schließe daraus, dass die indischen Frauenmagazine trotz aller entgegengesetzten Beteuerungen immer noch ein wenig dem internationalen Trend hinterherhinken, denn die Modefarbe dieses Winters ist Grün in Mailand und Paris. An Ausländern sind außer uns ein Franzose da und ein blondes Gift Ende zwanzig. Scarlet hasst es sofort. Die Blondine sieht ein bisschen so aus wie die junge Marlene Dietrich, trägt ein Hängekleidchen in der richtigen Farbe zu hochhackigen grünen Sandalen und gibt sich als Engländerin zu erkennen, die gerade aus Shanghai eingetroffen ist. Und eines sehe ich umgehend: Das Herzchen rührt sich einen sehr professionellen Gin Tonic zurecht. Ich bitte sie, dasselbe auch für mich zu tun, und so kommen wir ins Gespräch.

Ich will wissen, was sie beruflich macht, werde aber aus ihren Antworten nicht ganz schlau. Möglich, dass es nicht nur an meiner leider immer noch vorhandenen Schwerhörigkeit liegt, sie hält sich auch ein bisschen bedeckt. Ich dagegen bin ganz offen. «Ich bin Schriftsteller», sage ich.

«Great», sagt sie. «Und Sie wollen ein Buch über Indien schreiben?»

«Nee, zurzeit sieht's eher so aus, als würde es ein Buch über einen Mann, der nicht loslassen kann.»

«Interessant», sagt sie.

«Und das Verrückte dabei ist, dass er nicht loslassen kann, was er vorher unbedingt loswerden wollte.»

«Sehr interessant», sagt sie.

Ja, finde ich auch. Die Idee ist brandneu. So hatte ich das bis zu diesem fabelhaften Gin Tonic noch nie gesehen. Nicht Indien ist das Problem. Mit dem Rücken an der Wand der Erkenntnis stehend, erkläre ich der Blondine meine letzten zwei Jahre. Weil ich Schulden hatte, die ich endlich mal tilgen wollte, hatte ich gearbeitet wie ein Geisteskranker, geschrieben wie ein Eichhörnchen, gelebt wie ein Asket. Tag und Nacht und mehr oder weniger ohne Pause, ohne Urlaub, nicht mal die Wochenenden habe ich blau gemacht. Und die ganze Zeit über hing da die Mohrrübe mit dem Namen Indien vor meiner Nase. Indien sollte die Belohnung sein. Ein paar Monate lang keinen Job, keine Termine, keine Stresssymptome, keine Geldprobleme. Nicht mal mehr denken wollte ich an Geld, sobald meine Füße indischen Boden berühren würden. Und was mache ich jetzt? Ich pflüge wie ein Panzer durch die Gegend und denke nur an Kohle, nur an Jobs und sitze in Internetshops, um irgendwelche Kolumnen, Rezensionen und anderen Kleinscheiß zu schreiben. Zwei Jahre lang habe ich davon geträumt, diesen Mist loszulassen. Und jetzt, wo ich es könnte, kann ich es einfach nicht.

Was mir denn stattdessen vorschwebe, will die Engländerin wissen.

«Na, atmen zum Beispiel.»

«Bist du spirituell?», fragt sie.

«Ja.»

«Ich nicht», sagt das blonde Gift. «Ich bin absolut nicht spirituell.»

Ist es der Alkohol? Oder ich? Ein kleiner Schock geht durch mich hindurch. Ein Schauer des Entsetzens. Nicht weil ich hier auf eine bekennende Unspirituelle getroffen bin, sondern weil ich gerade das Gefühl habe, dass mein «Ja» viel zu schnell gekommen ist. Viel zu selbstverständlich, zu automatisch, zu gewohnheitsmäßig, zu unüberlegt. Schon während ich «Ja» sagte, kam es mir platt vor, kraftlos und langweilig. Und das schockt mich. Denn wie war es bisher? Ich konnte immer guten Gewissens sagen, dass ich nicht religiös bin, weil Religionen organisierte Spiritualität sind, und das hatte für mich nie Sinn. Das Organisieren und Sektieren. Die Spiritualität schon. Aber wenn ich jetzt auch noch daran zweifele, dass es einen unpersönlichen Gott gibt, eine Art positive und alles regelnde Energie, einen übergeordneten Sinn, was ist dann? Dann stimmt die Chaostheorie. Und wo bin ich in dem Chaos? Und welche Chance habe ich, ihm zu entfliehen?

Keine.

Bis auf eine. Spirituosen statt Spirit!

Ich bitte das blonde Gift, mir einen zweiten Gin Tonic zu mixen, und inzwischen ist auch etwas mehr Leben in der Bude, weil ein neuer Gast gekommen ist, ein attraktiver Turbanträger mittleren Alters, der sofort das Ruder übernimmt. Vor dem Kamin stehend, mit einem Whiskeyglas in der Hand, beginnt er lautstark eine politische Diskussion, das heißt, es ist eigentlich mehr eine

Rede, weil keiner so richtig antwortet. Alle schauen ihn nur glücklich an. Endlich sind sie Teil eines politischen Salons und nicht mehr Besucher einer lahmen Party. Als der Typ nach etwa vierzig Minuten wieder verschwindet, nehme ich Scarlet zur Seite. «Sag mal, kann es sein, dass unsere Gastgeber diesen Vogel gemietet haben?» Das ist für Scarlet ein neuer Gedanke, aber wenn sie es sich recht überlegt, ja, das kann sein. Was für ein Land. Bei uns mietet man Stripteasetänzerinnen.

Ich werde immer gesprächiger. Jetzt mit dem Franzosen. Er ist der Schwiegersohn der Gastgeberin. Morgen will er nach Bombay. Und ich? Gute Frage. Weiß ich noch nicht. Eigentlich nach Varanasi, aber vielleicht auch nicht. Vielleicht auch nach Hause. Warum? Weil er ein Franzose ist, erkläre ich es ihm mit einem Bild aus dem Themenbereich Liebe. Oder, besser noch, ich erkläre es ihm nicht anhand des Bildes, ich frage ihn, was er darüber denkt. Das mache ich immer, wenn ich besoffen bin. Selbst Taxifahrer frage ich dann, wie es mit mir weitergehen soll. Also: Indien ist wie eine Geliebte für mich, die ich nicht mehr liebe. Und die Frage ist: Kriege ich das wieder hin mit der Liebe?

Der Mann sieht mich an, und ich erkenne Trauer in seinen Augen. «Musst du sie lieben?»

«Nicht unbedingt, aber es wäre netter.»

«Nein», sagt der Franzose. «Du kannst keine Frau lieben, die du nicht mehr liebst.»

«Aber warum denn? Die Inder praktizieren doch auch die Vernunftehe. Ganz Asien macht das. Sie lachen über unsere romantische Liebe. Wenn Asiaten heiraten wollen, suchen sie nach einem Partner, mit dem sie ihr kleines Boot durch den Ozean des Lebens kriegen. Da schaut man auf andere Dinge als auf die, in die man sich verlieben kann. Die Liebe, sagen sie, kommt dann sowieso mit der Zeit. Wenn man gut zueinander ist.»

«Nein», sagt der Franzose. «Das ist ganz unmöglich.»

Das trifft mich mehr, als ich vermutet hätte. Und natürlich hat er Recht. Scarlet kommt zu uns. Sie will wissen, worüber wir reden.

«Es geht darum, ob man jemanden, den man nicht mehr mag, doch nochmal irgendwie lieben kann. Er sagt, das sei fast unmöglich.»

«Nein», lacht der Franzose. «Ich habe nicht ‹fast› gesagt.»

Natürlich hilft mir Scarlet, wo sie nur kann. Auf dem Rückweg öffnet sie mir zuerst die Augen, was das blonde Gift angeht («Findest du nicht, dass es ein bisschen ordinär ist, wie bei ihr die Zigarette im Mundwinkel klebt?»), und zu meinem spirituellen Problem hat sie auch was parat.

«Du fragst dich, ob du noch an Gott glaubst?»

«Ja.»

«Fragst du dich auch, ob du noch an Hunger glaubst?»

«Wie meinst du das?»

«Na, glaubst du, dass es Hunger gibt? Das Gefühl des Hungers, den Zustand des Hungers?»

«Na klar.»

«Warum glaubst du dann nicht auch ans Sattwerden?»

10. Keine Götter, keine Träume, keine Märchen

Fliegen in Indien war mal ein trauriges Kapitel. Alle Inlandsverbindungen wurden nur von der staatlichen Indian Air geflogen. Niemand brauchte sich anzustrengen. Alternativen verbot das Gesetz. Das machte die Indian Air zu einer der sieben gefährlichsten Airlines der Welt, und in der Rangliste der Airlines mit den meisten Verspätungen rangierte sie wahrscheinlich sogar ganz oben. Das Bizarre an solchen verspäteten Abflügen lag darin, dass man sich nicht darüber ärgerte, sondern eigentlich immer froh war, dass man die technischen Probleme, die zu der Verzögerung führten, noch VOR dem Start bemerkt hatte. Aber das sind Abstürze von gestern, inzwischen herrscht auch am indischen Passagierflughimmel der freie Markt. Es gibt drei sehr gute Privatairlines: Air Sahara, Jet Airways und Kingfisher. Letztere gehört einem der neuen indischen Global Players, dessen Stammgeschäft das gleichnamige Bier ist. Kein schlechtes Bier. Keine schlechte Airline, aber Jet Airways ist noch besser, im vergangenen Jahr wurde sie zur «Best Airline of Asia» gekürt. Man kann beides miteinander verbinden. Mit Jet Airways fliegen und Kingfisher trinken. Ich studiere dazu das Bordmagazin. Sind die Flugroute und der Lauf des Ganges einigermaßen deckungsgleich? Aus der Höhe gesehen bin ich wieder hart am Ball.

Der arme Ganges. Unter uns wird er gnadenlos mit industriellen Abwässern voll geschissen. In den Bergen ist er so sauber, dass man aus ihm trinken kann. Zwischen dem Himalaya und Varanasi reiht sich Fabrik an Fabrik, und die stellen seine Heiligkeit auf die Probe. Ist er unvergiftbar? 1,2 Milliarden Inder glauben es. Nein, nicht ganz. Man muss die Moslems abziehen, trotzdem bleibt es eine beeindruckende Zahl. Achthundert Millionen Hindus können nicht irren. Jeder von ihnen will mindestens einmal in seinem Leben bei Varanasi in den Ganges. Und sei es nur, um dort zu sterben. Was heißt nur? Bei Varanasi hat der Fluss seine sündenreinigenden Kräfte dermaßen potenziert, dass er die Seelen der Verstorbenen direkt aus dem Kreislauf der Wiedergeburten katapultiert. Tag für Tag werden deshalb an achtzig Ghats, wie die heiligen Badestellen genannt werden, die Leichen des Subkontinents dem Fluss übergeben. Nicht nur als Asche, so komplett verbrennen sie nicht. Knochen, Schädel, verkohlte Fleischreste treiben im Fluss neben verwesendem Vieh und Fäkalien. Addiert man die organischen zu den industriellen Abfällen, kommen unterm Strich 1,5 Millionen Kolibakterien pro 100 ml Wasser dabei heraus. Nochmal: 1,5 Millionen. Wasser, in dem man baden will, sollte aber pro 100 ml nicht mehr als fünfhundert Bakterien enthalten. Der Unterschied ist beträchtlich, trotzdem strömen täglich achtzigtausend Pilger nach Varanasi, um in der Giftbrühe zu baden. Gehöre ich auch zu diesen armen Irren? Ich glaube, Sie kennen mich inzwischen ein bisschen.

Direkt nach der Landung geschieht das erste Missgeschick. Mein Rucksack bleibt am Gepäckband hängen, und zwar so, dass er nicht mehr freizukriegen ist. Nicht von mir. Auch nicht von dem Flughafenmitarbeiter, der mir helfen will. Und der Nächste schafft's auch nicht. Das Band steht still, aber wie es der Zufall will, ist mein Rucksack das letzte Gepäckstück gewesen. Niemand ist genervt. Nicht mal ich. Wer 1:0 führt, der stets verliert, denke ich. Ich liege 0:1 zurück. Ich bin auf der Gewinnerstraße. Komisch, was ich da denke. Eigentlich müsste das Ende des Glaubens doch auch das Ende des Aberglaubens sein. Ein Techniker kommt. Er macht dasselbe mit meinem Rucksack wie wir zuvor. Aber er kriegt ihn ruck, zuck frei. Hat das Band Angst vor ihm? Tun Techniker Maschinen weh?

Was das «Hotel de Paris» angeht, bestätigt sich meine «0:1-Rückstand-aber-von-jetzt-an-nur-noch-Glück-Theorie» nicht unbedingt. Es ist der Tipp eines Freundes, der vor zehn Jahren mal da war. Er beschrieb das Hotel, von einer Französin in den dreißiger Jahren gebaut, als eine verstaubte Perle. So sieht es aus. Das Taxi rollt mit mir durch einen parkähnlichen Garten, und ein einsamer Security Guard in verschlissener Khakiuniform winkt mir zu, was mich nicht wundert, denn jeder Wachmann freut sich, wenn endlich mal einer kommt, den er beschützen kann. Gleich in der Lobby, die auch verlassen wirkt, wird offenbar, dass hier nach dem Ableben der Französin in den sechziger Jahren nicht mehr ernsthaft geputzt wurde. Dasselbe gilt für die Zimmer. Sehr groß, sehr atmosphärisch, und auf dem Teppichboden sollte man auf keinen Fall barfuß gehen. Aber ich will nicht immer nur meckern und außerdem noch weiter.

Unter Hindus gilt als ausgemacht, dass Varanasi sechstausend Jahre alt ist. Nicht konfessionell gebundene Historiker sprechen von zweitausendfünfhundert bis dreitausend Jahren, aber immerhin. Varanasi könnte man wie Rom als Ewige Stadt bezeichnen. Entsprechend ewig dauert die Fahrt vom «Hotel de Paris», das am Stadtrand liegt, bis zum Assi Ghat im Zentrum. Zwar wurde hier mehrmals in der Geschichte durch Brandschatzung und Totalschleifung seitens feindlicher Mächte (vornehmlich Afghanen) Platz geschaffen, aber seit dem letzten Wiederaufbau der Stadt im Jahre 1738 ist auch das nicht mehr geschehen. Die Straßen sind eng, die Lasten sind schwer, Pfoten, Hufe, Füße, Räder suchen Löcher in dem Gewirr, in der Hoffnung, dass die Löcher in andere Löcher münden und die Summe der Löcher ihr Weg ist.

Ghats sind die Stufen zum Fluss, zur großen Sündenwaschmaschine, die Luken, um im Bild zu bleiben. Für die Lebenden wie die Toten, und das Assi Ghat gehört zu den kleineren Orten dieser Art. Aber es hat die beste touristische Infrastruktur und ein Gartenrestaurant mit Blick auf den Fluss. Da ist er also wieder, der gute alte Ganges, irgendwie hatte ich ihn ja doch vermisst. Leider hat er seine Stimme verloren. Enttäuschung ist an und für sich ein positives Wort, weil es ent-täuscht, also die Illusion nimmt, also Klarheit schafft, aber trotz dieser Wohltaten der Ent-täuschung bin ich nun doch ziemlich enttäuscht. Ich hatte ihn in mir rauschen hören, nachts, als ich in Scarlets Gästebett lag, und nur dieses Rauschen hat mich zu ihm zurückgebracht. Wie soll ich das erklären? Besoffen von Gin Tonic und ernüchtert von Gott, starrte ich (vorgestern, glaube ich) in eine Welt, die keinen Sinn mehr hatte, und immer wenn ich die Augen schloss, um das Elend nicht länger mit anzusehen, ja, da hörte ich plötzlich den Fluss. Ich hatte etwa zwei Wochen mit ihm im Himalaya verbracht, und jetzt hörte ich ihn mitten in Delhi, mitten in Scarlets Gästebett, mitten in mir. Als hätte er sich mit meinem Atem verbündet. Das Rauschen des Ganges hat mich zu ihm zurückgebracht. Aber kaum bin ich wieder da, rauscht er nicht mehr. Er singt auch nicht, er flüstert nicht einmal. Der Ganges fließt so träge an Varanasi vorbei, dass man Angst um ihn bekommen könnte. Die Geschwindigkeitsstufe darunter ist Stillstand und die darunter Gestank. Bin ich wieder mal reingefallen? Und welche Falle hat diese Reise als Nächstes parat?

«Shiva Temple, Sir?», fragt Govinda.

Und wer zur Hölle ist Govinda? Dreimal dürfen Sie raten. Govinda ist der Bruder eines Mannes, der zwanzigtausend Rupien im Monat scheffelt, weil er als Kind und auch als junger Erwachsener viel gebüffelt hat und Lehrer geworden ist. Govinda selbst hat als Kind und junger Erwachsener lieber Scheiß gebaut und ist deshalb Taxifahrer geworden, mit einem monatlichen Verdienst inklusive Trinkgelder von nur fünftausend Rupien. Natürlich könnte ich mir vorwerfen, dass neunzig Prozent aller Inder, die ich bisher auf dieser Reise näher kennen gelernt habe, Taxifahrer gewesen sind, aber was macht das schon? Wer Land und Leute studieren will, ist mit ihnen bestens bedient. Sie fahren uns durch das Land. Und sie sind die Leute. Das Charakteristische an Govinda ist ein fehlendes Glied am Ringfinger und sein gutmütiges, rundes Gesicht. Außerdem weiß er, im Gegensatz zu mir, anscheinend, was gut für mich ist.

«Shiva Temple, Sir?»

Ich sollte an dieser Stelle an Scarlets Frage erinnern. «Wenn du an Hunger glaubst, warum glaubst du dann nicht auch ans Sattwerden?» Das war sehr schlau. Konfuzius begründete seine Philosophie meines Wissens auf der genauen Beobachtung der Naturgesetze, die er dann auf die Belange des Geistes übertrug. Was für die Natur stimmt, das stimmt auch für uns. Wenn der Hunger des Körpers gestillt werden kann und muss, dann gilt für den Hunger der Seele dasselbe. Sattsein ist ein ganzheitliches Phänomen. Und Nahrung ist ein anderes Wort für Kraft.

Die Kraft springt mich wie ein Tier an, als ich den Shiva-Tempel in der Benares Hindu University betrete. Wie ein wildes Tier, mit funktionierendem Killerinstinkt. Der Hunger hat keine Chance mehr. Ich bin augenblicklich satt. Und komplett überrascht. Wie kann das gehen? Eben noch leer, jetzt voll. Gerade noch schwach, nun stark. Wie aus und an. Wie Dunkelheit und Licht. Im Bruchteil einer Sekunde ist meine neue Freiheit von allem, was mir heilig war (Glaube, Liebe, Hoffnung), wieder dahin. Und ich habe fast nichts dafür getan. Nur einen Schritt. Ähnlich wie beim Besuch einer Discothek. Vor der schallgedämpften Tür hören wir nichts, aber sobald wir drin sind, ballert uns der Beat blöd. Der Vergleich hinkt, hier gibt es keine schallgedämpften Türen. Auch keine normalen. Hier ist alles offen. Das Portal, die Seiteneingänge, die hohen Fenster, alles ist offen, nichts hält die Kraft, die drinnen wohnt, davon ab, nach draußen zu dringen. Und doch ist es so. Draußen ist nichts, und drinnen ist alles. Und ein Schritt macht den Unterschied.

Deshalb nochmal die Frage: Wie geht das? Und was hat der Shiva-Tempel in der Benares Hindu University von Varanasi damit zu tun? Ist es die Kombination aus Architektur und Atmosphäre, aus Marmor und Meditation, oder herrscht hier eine andere Gravitation? Wurde der Tempel nach astrologischen Vorgaben gebaut? Treffen sich in ihm die Energiebahnen der Welten? Vielleicht ist auch ein Heiliger vor Ort. Ein Geist in der Kernschmelze des Erkennens. So was strahlt aus. Ein Blinder sitzt vor einer der Marmorsäulen und singt mit ungeheurer Emotionalität. Die Emotionen gelten der Transzendenz. Dazu legt sich das Sonnenlicht, das durch die Fenster fällt, praktisch wie Meterware über den Marmor, und hinter den Fenstern ist das satte Grün der Tempelgärten. Würde ich mich anstrengen, könnte ich noch viele Gründe anführen, warum mich in diesem Shiva-Tempel die Kraft wie ein Tier anspringt. Nur einen nicht: Sauerstoffmangel. Trotzdem macht der Tempel mit mir dasselbe wie die Quelle des Ganges. Ich beginne, sobald ich ihn betreten habe, tief zu meditieren. Was so auch nicht ganz stimmt. Ich beginne nichts. Ich werde meditiert.

Aber zurück zur Action. Ich fühle mich also, als hätte man mir am Eingang mal schnell den fehlenden

Stein ins Zentrum meines Mosaiks gerückt, und will mich setzen, um das zu vertiefen. Dafür gibt es Marmorbänke und Marmornischen. Ich suche mir eine nach Gusto und vertiefe mich, und als ich wieder aufstehe, fällt mein Blick auf eine Inschrift an der Marmorwand. Überall sind Inschriften. Der Tempel ist mit ihnen tapeziert. Kernsätze aus den heiligen Schriften Indiens, hin und wieder auch illustriert. Die, auf die jetzt mein Blick fällt, sind von Swami Vivekananda. Der Mann ist mir bekannt. Er machte als erster indischer Guru Yoga und Meditation im Westen populär, und es gibt eine hübsche Geschichte, wie er das machte. Der Swami reiste mit einem Dampfschiff nach New York, wo er niemanden kannte. Und Geld hatte er auch nicht. Auf dem Deck des Dampfers kam er eines Nachts mit einem Amerikaner ins Gespräch. Das Gespräch währte bis zum Morgengrauen. Als die Sonne aufging, war der amerikanische Passagier über die Mission des Swami hinreichend informiert. Nur eines war ihm noch nicht ganz klar. «Wo werden Sie wohnen? Wer wird Sie ernähren? Wer wird die Säle für Ihre Vorträge mieten, die Touren organisieren? Kurz: Wer wird Ihnen helfen in den USA?» – «Sie», antwortete Swami Vivekananda, und genau so ist es gekommen. Entweder konnte der Swami in die Zukunft sehen, oder er konnte sie manipulieren. Und das hier sind seine Sätze in Marmor. Sie enthalten zwar auch das Wort «divine», göttlich, aber diesmal stört es mich nicht.

Each soul is potentially divine. The goal is to manifest this divinity within by controlling nature, external and internal. Do this either by work or worship or psychic control or philosophy – and be free. This is the whole of religions. Doctrines, rituals, forms are but secondary details.

Swami Vivekananda

Möglicherweise lässt Sie das unbeeindruckt. Das ist normal. Jeder hat SEINE Sätze. Möglicherweise hätten sie mich einen Tag vorher oder nachher auch unbeeindruckt gelassen. Jeder Satz hat SEINE Zeit. Seinen großen Moment. Möglicherweise habe ich den Swami sogar falsch verstanden. Möglicherweise ist mein Englisch nicht perfekt. Aber all diese Möglichkeiten werden unwesentlich, wenn das Resultat eine Erleuchtung ist. Der Erleuchtung ist es egal, wie man zu ihr kommt.

Erleuchtet wird zunächst das Jahr 1968. Ich hatte, als es zu Ende ging, etwa hundertmal LSD genommen. Das war das eine Problem. Das andere: Ich hatte auf LSD Hermann Hesse gelesen. Das Werk hieß «Die Morgenlandfahrt». Nach Beendigung der Lektüre nahm ich den Daumen, um aus der Stadt zu kommen. Kein großes Ding damals. Das Mitnehmen von Anhaltern galt als Minimalkonsens aller revolutionären Kräfte, und nach drei Monaten war ich da. Indien. Das Land von Siddhartha, das Reich der Götter, des Friedens, der Liebe. Ich checkte in einem Ashram ein und lernte meditieren. Erklärtes Ziel: transzendieren. Nicht nur das Bewusstsein, auch die Hemisphäre. Nie wieder wollte ich zurück in den Westen. Nie wieder.

Mein Lieblingsplatz in dem Ashram war der Garten,

in dessen Mitte ein großer Brunnen stand. Dessen Schale war wie die Blüte einer Lotosblume geformt, und darin saß ein Gott mit vier Gesichtern, für jede Himmelsrichtung eins. Es war also egal, wo ich mich befand, wir hatten immer Blickkontakt, und nach zwei Wochen sprach mich der Gott in dem Brunnen an. Ich will keine Märchen erzählen. Natürlich war es nicht der Viergesichtige, der mit mir sprach, denn er war aus Stein und hatte weder Seele noch Zunge und Verstand. Nein, ich hatte nur meine innere Stimme gehört. Aber so laut, dass ich glaubte, sie sei ein externes Phänomen.

Was ist die innere Stimme? Ich denke, sie ist der einzige kompetente Ratgeber, den wir haben. Wo spricht sie? In unserem Zentrum. Wie gelangt man da hin? Immer dieselben Fragen. Immer dieselben Antworten. Ich hatte sie zwar auch ab und an vernommen, bevor ich lernte, wie man Gedanken zur Ruhe bringt, aber nie so deutlich und zwingend wie in den Tagen, als ich zu meditieren begann. Sie sagte nur einen Satz. Man kann ihn auch durch einen Punkt zu zwei Sätzen machen. Dann wird deutlicher, dass es weniger ein Rat als ein Befehl gewesen ist.

«Geh nach Hause. Und werde Journalist!»

Das verblüffte mich. a) hatte ich bis zu diesem Zeitpunkt noch nie ernsthaft über eine Berufswahl nachgedacht, und b) war es exakt das Gegenteil von meinem Plan, im Ashram zu bleiben. Trotzdem gehorchte ich. Ich trampte zurück und wurde Journalist. Und, was soll ich sagen, es war die richtige Entscheidung, es hat

Spaß gemacht, es hat Geld gebracht, es hat meinem Leben Flügel verliehen. Trotzdem wollte ich immer und immer wieder nach Indien zurück. All die Jahre träumte ich davon, mit dem Spaßhaben und Geldmachen aufzuhören, sobald ich es mir erlauben kann. Glückliche Menschen haben absurde Träume.

Nun zum erleuchteten Moment.

Arbeit oder Anbetung oder Selbstkontrolle oder Philosophie sind die Wege zum Göttlichen in uns, hatte ich soeben an der Marmorwand des Shiva-Tempels gelesen, und Swami Vivekananda hat Wert auf das «oder» gelegt, denn sonst hätte er es flüssiger geschrieben. Vier Wege zum Göttlichen, und das «oder» macht klar, dass sie gleichwertig sind, keiner ist besser oder schlechter, und was mich hier so positiv aus der Fassung bringt: dass einer dieser vier ewigen Wege die Arbeit ist.

War ich blind?

Arbeit ist meine Meditation, Workaholismus meine Religion, Büros sind die Kathedralen, Laptops funktionieren als Wanderaltare. Meine Arbeit ist Schreiben. Wenn ich schreibe, geht's mir gut. Wenn ich nicht schreibe, fangen die Probleme an. Aber was für welche. Da kommen nicht nur Dämon Hinz und Dämon Kunz vorbei, da zieht auch mal schnell die ganze Belegschaft einer Nervenheilanstalt vorübergehend bei mir ein. Mit Schreiben beruhige ich die Dämonen. Lulle sie ein. Verpass ihnen Knebel. Stecke sie in Zwangsjacken. Gott ist die Idee, Arbeit ist das Gebet, auf meiner letzten Reise sagt mir Indien also haargenau dasselbe wie auf meiner ersten. Das sind volle fünfunddreißig Jahre Lernprozess. Endlich habe ich es kapiert. Ich brauche nie mehr einen Gedanken an Indien zu verschwenden, solange noch ein Blatt Papier in der Nähe ist. Und vor allem dieser Gedanke macht sich breit, als ich noch ein Weilchen vor dem Shiva-Tempel der Benares Hindu University stehe und Cappuccino trinke.

Die Benares Hindu University ist keine Lehranstalt mit ein, zwei, drei großen Häusern und 'nem Tempel in der Mitte. Sie ist die weitläufigste Universität Indiens. Fünf-zehntausend Studenten, achtzehn Kilometer Straße, und jede Fakultät verfügt über ein eigenes Gebäude, und jedes dieser Gebäude erinnert an den «Palast der Winde» und hat einen weitläufigen Garten. Die Summe der Paläste und Gärten ergibt einen zur Stadt gewordenen Park und ist der Traum von einem Indien, das nicht überbevölkert ist und keine Armut kennt. Nur Wissenschaft und gehobene Mittelklasse. Wenn du für ein Jahr planst, pflanze Reis. Wenn du für Jahr-zehnte planst, pflanze Bäume. Wenn du für Jahrhun-derte planst, bilde Menschen aus. Die Elite des Sub-kontinents studiert hier nach einem Lehrplan, der so selbstbewusst ist wie das ganze Land. Astrologie und Sanskrit stehen gleichwertig neben Englisch und Atom-physik, und das Zentrum oder das Herz oder die Nabe des Rads ist der Shiva-Tempel mit dem kleinen Markt-platz davor. Große Bäume, kleine Läden, entspannte Atmosphäre und der beste Cappuccino der Stadt. Ich trinke ihn im Stehen. Und starre auf den Mond. Er macht die Sache rund. Vollmond über dem Shiva-Tempel von Varanasi und die Erkenntnis, dass ich nie mehr nach Indien reisen muss, weil ich Indien sowieso nur zwischen den Zeilen finde, wo sonst? Es fühlt sich an, als hätte ich die Beute im Sack, es fühlt sich an, als wäre der Job gemacht, es fühlt sich an, als könnte ich morgen zurück nach Hause fliegen.

Ein euphorischer Moment.

Erst als ich mein Hotelzimmer betrete, komme ich wieder runter. Beim Einchecken am Nachmittag habe ich es ja etwas unheimlich gefunden. Jetzt weiß ich, warum. Es ist schon belegt. Eine Armee nachtaktiver Riesenameisen marschiert in Kolonnen aus Löchern in der Wand heraus, um alles, was auf dem Teppichboden lebt, zu massakrieren. Ich schnappe meinen Rucksack und eile zur Rezeption. Ich bekomme ein anderes Zimmer. Das beste des Hotels, wie sie sagen. Sie sind mächtig stolz darauf. Es ist frisch renoviert. Es sieht wirklich gut aus. Es hat sogar einen Fernseher. Es ist nur etwas stickig. Ich will deshalb ein Fenster öffnen. Der Vorhang vor dem Fenster ist zugezogen. Als ich ihn zur Seite schiebe, sehe ich, dass es sich um einen Fenster-Vortäusch-Vorhang handelt. Da ist nur die Mauer. Ich reagiere darauf, egal, wie oft ich es schon erlebt habe, mit immer derselben Mischung aus Belustigung und Entsetzen. Die Belustigung gilt der Dreistheit, die dem Hotelier-Konzept «Fake-Window» innewohnt, das Entsetzen hat mit meinen Assoziationen zu tun. Ein Zimmer ohne Fenster ist wie ein Grab mit Room Service.

Glücklicherweise muss ich am nächsten Tag für meine Verhältnisse sehr früh aus dem Bett, weil Govinda darauf bestanden hat. Heute gibt's ein Fest in Varanasi. Dev Deepavali. Fünfhunderttausend Menschen würden für den Abend erwartet, und jetzt am Morgen kämen auch schon ein paar tausend mehr als sonst an den Ganges. Ich müsse unbedingt dabei sein. Deadline ist Sonnenaufgang, also 5.30 Uhr. Ich schaffe es fast. Gegen sieben steh ich am Fluss und werde langsam wach. «Zu spät», sagt mein Guide, «die meisten sind schon weg.» Ich kenne den Mann erst seit fünf Minuten. Ich wurde von Govinda an ihn übergeben und war zu müde, um mich dagegen zu wehren. Er sieht aus, wie Inder aussehen, wenn sie bei Touristen kein Misstrauen wecken wollen. Graue Hose, weißes Hemd, kurze Haare, Schnurrbart. Sein Englisch ist recht ordentlich.

«Als Erstes nehmen Sie mal ein Bad», sagt er.

«Wo?»

«Na, im Ganges.»

Ich schaue den Mann an, als wolle er mir bei lebendigem Leib die Haut abziehen. Er scheint die Botschaft zu verstehen und schlägt deshalb eine Bootsfahrt als Alternative vor. Das machen alle Touristen, sagt er. Sie dauert zwei Stunden. Da können Sie schöne Fotos machen.

«Ich fotografiere nicht.»

«Sie fotografieren nicht?!»

«Nein, ich fotografiere nicht.»

Das bringt ihn ein bisschen aus dem Takt. Er tut mir fast leid, aber niemals werde ich hier ein Boot besteigen. Bei 1,5 Millionen Kolibakterien pro 100 ml genügt ein Spritzer, und ich habe die Pest. Die will ich nicht. Ich will Tee.

«Okay», sagt der Guide, «dann trinken wir Tee bei meinem Guru.»

Es sind nur ein paar Meter, zwei, drei Gassen, und

wir sind da. Der Guru sitzt vor seinem Haus in tiefer Meditation. Er trägt nur einen Lendenschurz. Seine langen Haare sind wild verfilzt, dasselbe gilt für seinen Bart. Wir warten höflich ein paar Meter abseits, bis er seine Meditation beendet hat. «Er ist ein heiliger Mann», sagt der Guide. «Er hat große Kraft. Und haben Sie vielleicht eine Marlboro für mich?» Wir rauchen, und als nach der Zigarette der Guru mit seiner Morgenmeditation noch immer nicht fertig ist, ruft mein Guide ihm etwas auf Hindi zu. Ich kann kein Hindi, aber es hört sich nach «Okay, es reicht!» an. Sofort wird der Guru wach, und ich werde ihm vorgestellt.

«Schön haben Sie es hier», sage ich. Er wohnt in der ersten Reihe. Von seinem Haus kann man direkt auf den Ganges sehen. Haus ist im Übrigen ein wenig übertrieben. Es handelt sich um ein kleines Zimmer plus Küche und Plumpsklo. Für einen Baba ist das allerdings schon fast (unerlaubter) Großgrundbesitz. Ein Bett, ein Tisch, drei Stühle. Und überall liegen Bücher. Inzwischen trägt der mit Asche beschmierte Halbnackte eine dicke Hornbrille. Ich hatte ihm gesagt, dass ich Bücher schreibe, und er hatte darauf «ich auch» erwidert. Jetzt zeigt er mir sein Manuskript. Besser gesagt, einen Schreibblock der Marke «Lotus». Der Guru, so viel verstehe ich, hat eine schöne Schrift. Und das sind schöne Wörter. Das ist Sanskrit. Das Latein Indiens. Die alte Sprache. «Mantras», sagt er. «Du weißt, was das ist?»

Mantras sind Wörter, die doppelt wirken. Inhaltlich wie akustisch. Sanskrit hat es fertig gebracht, dass der Klang des Wortes genau das mit dir macht, was es bezeichnet. «Shanti», zum Beispiel, heißt Frieden. Wenn du hundertachtmal hintereinander «Shanti» sagst, fühlst du den Frieden. Es ist ähnlich wie mit der Musik. Ein Ton hat Macht. Er verändert Stimmungen. Erzeugt Schwingungen. Er kann entspannen, erregen, Angst auflösen. Ich kann das bestätigen. Ich habe vor etwa drei Jahren von einem Sadhu in Nepal ein Mantra gegen Angst bekommen. Kleines Geschenk mit großer Wirkung. Was immer mich ängstigt, ob Mensch, Tier oder Türsteher, ich brauche nur dieses Mantra zu murmeln, und die Angst löst sich wie Brausepulver auf. Nein, Mantras wirken hundertprozentig, das ist verbrieft, aber natürlich frage ich mich in diesem Zusammenhang auch, wie die Wörter «Coca-Cola» wirken, wenn man sie hundertachtmal hintereinander murmeln würde.

Der Guru kocht Tee. Der Guide redet, um zu reden. Die Morgensonne fällt durchs Fenster und macht Flecken. Ein schöner Moment, aber noch nicht der euphorische, den DIESER Tag für mich bereithält. Der kommt erst, als der Mann mit dem Tee wieder bei uns ist. «Willst du rauchen?», fragt er, und weil er das fragt, obwohl ich gerade eine Zigarette rauche, ist die Botschaft klar. Kollege Baba bietet mir Haschisch an.

Ich bin nunmehr seit vier Wochen clean, der kleine Joint in Gangotri zählt nicht. Das ist die gute Nachricht. Aber es gibt noch eine gute Nachricht. Ich habe sie vor ein paar Tagen in den «Yahoo News» gelesen, und sie hat mich ein bisschen aus dem Gleichgewicht gebracht. Kanadische Wissenschaftler haben nach zahlreichen Tests mit Ratten festgestellt, dass THC, der Hauptwirkstoff von Haschisch, Gehirnzellen nachwachsen lassen kann. Eigentlich eine sensationelle Meldung. Das würde bedeuten, dass Haschisch die einzige Droge ist, die intelligent macht. Alle anderen bauen Gehirnzellen ab. Die Forscher der Universität von Toronto drückten sich auch sehr deutlich aus: «Nach unseren Untersuchungen ist es eine gute Sache, Haschisch zu nehmen», meinte der federführende Professor. Wie gesagt, das machte mir zu schaffen. Meine politisch korrekten Vorsätze für ein neues Leben sind das eine, die Stimme der wertneutralen Wissenschaft das andere.

«Ja», sage ich, «lass uns was rauchen.»

«Nein», sagt der Baba, «ich rauche nicht. Aber ich kann dir was schenken.»

Kaum hat er es mir geschenkt, erinnert mich mein Guide daran, dass in Indien ein Geschenk gewöhnlich mit einem Gegengeschenk beantwortet wird. «Natürlich kann ich dafür bezahlen», sage ich.

«Nein», sagt der Guide, «nicht bezahlen. Gib eine Spende.»

«Wie hoch?»

«Zweihundert Rupien.»

Das wirklich kleine Stück Haschisch aus den Bergen von Manali, das der Baba mir geschenkt hat, ist etwa fünfzig Rupien wert. Alles klar. Das sind nicht meine Freunde. Auch nicht meine Feinde. Das sind Leute, deren Job es ist, «friend» zu sagen.

Zurück im Taxi, bitte ich Govinda, mich nie wieder ungefragt an irgendwelche Leute zu verscherbeln und nun unverzüglich mit der Hotel-Umzugaktion zu beginnen. Ich hatte mich schon gestern Nacht beim Studium des «Lonely Planet» für das «Hotel Haifa» entschieden und bin, nachdem ich dort schließlich eingecheckt habe, auch sehr zufrieden. Zentrale Lage am Assi Ghat, sauber, geschmackssicher, motivierter

Room Service, und jedes Zimmer hat Fenster. Meines hat sogar einen Balkon, nein, sogar zwei. Von dem einen schaut man auf die Hauptgasse der Altstadt und auf einen Tempel, von dem anderen Balkon sieht man auf einen Hinterhof, in dem auch ein (kleiner) Tempel steht, was aber in Varanasi noch nicht als Tempel-Overkill gilt, weil es in dieser Stadt eintausendfünfhundert Tempel und religiöse Kultstätten gibt. Im «Haifa» bin ich mittendrin. Aber mittendrin mit soliden Türen und soliden Schlössern. Nachdem ich das Zimmer abgeschlossen habe, gehe ich ins Bad, um das wichtigste Gespräch dieses Tages zu führen. Ich sehe in den Spiegel. «Willst du das wirklich?», frage ich. Mein Spiegelbild nickt.

Nach vier Wochen Entzug wirkt der erste Joint dann folgendermaßen: Ich liege auf dem Bett, und mein Körper fühlt sich wie eine Wüste an, in die sich plötzlich Wasser ergießt, am Kopf beginnend abwärts, von Muskel zu Muskel, von Organ zu Organ, durch die Adern, durchs Gewebe, jede Zelle meines Körpers nimmt teil an dem THC-Wellenbad. Seufzend entspanne ich total. Gleichzeitig bin ich auch sofort wieder bereit, in dem Tempeldach vor dem Balkon irgendetwas zu sehen, das Sinn hat. Mehr noch: Über-Sinn. Ein Tempeldach im gleißenden Licht der Mittagssonne kommuniziert mit meiner Seele. Dann passiert etwas. Ich sage, hör mal, kann es sein, dass es die Seele des Haschisch ist und nicht deine, die gerade eins mit dem Dach des Tempels wird? Kann es sein, dass du überhaupt keine Seele hast, sondern sie dir nur anrauchst? Kann es sein, dass alles, woran du geglaubt hast, nur durch THC zustande kam? Dann ist es keine Realität und damit keine Wahrheit. Dann ist Shiva der Gott der Junkies. Ich blocke deshalb die spirituelle Erfahrung ab und konzentriere mich auf das Kerngeschäft. Ich will nur noch den Gehirnzellen beim Wachsen zusehen.

Am Abend dann das große Fest. Gefeiert wird der Sieg des Lichts über die Dunkelheit. Die Hauptaktion des Dev Deepavali wird am Dasaswamedh-(«Zehn-Pferde-Opfer»)Ghat zelebriert, dem größten der Stadt. Es ist nicht weit vom Hotel entfernt, ich kann zu Fuß gehen. Gehen? Ein Tropfen im Fluss geht auch nicht. Es braucht fast eine Stunde, bis mich der Strom der Lampen, Laternen und Kerzen tragenden Pilger bis zu der breiten Treppe gebracht hat, die zum «Zehn-Pferde-Opfer»-Ghat herunterführt. Kaum bin ich unten, steige ich wieder hinauf, denn ich will das Ganze doch lieber von der Dachterrasse eines Restaurants überblicken. Bei mir zu Hause würde man sagen, dass auf den Platz am Fluss etwa zwanzigtausend Menschen passen, wenn sie wirklich eng beieinander stehen. Aber bei mir zu Hause fährt man auch nicht zu viert auf dem Fahrrad. Bei mir zu Hause sind außerdem die meisten dicker als hier. Fünfhunderttausend werden kommen, schrieben die Zeitungen, und das kann nun wirklich nicht sein, aber eine gefühlte halbe Million Menschen ist es mit Sicherheit.

In den Ganges sind Stege und eine Bühne gebaut. Auf der Bühne sitzen die Ehrengäste (Politiker, Priester), auf den Stegen tanzen die schönsten Tempeltänzerinnen, die man kriegen konnte, in feuerroten Saris. Die Musik ist fromm UND erregend. Immer wieder bricht die Masse in Jubel aus. Als dann auch noch aus einem Helikopter Blütenblätter auf sie herunterregnen, explodiert der Jubel, ein triumphaler Schrei aus gefühlten fünfhunderttausend Kehlen. Das kann 'ne Menge in einem bewegen, wenn man sich darauf einlässt. Aber ich lasse mich nicht darauf ein. Ich kann es nicht. Es geschieht hier Ähnliches mit mir wie vorhin im Hotel. Ich sage «ähnlich». Nicht «dasselbe». Denn beim Dev Deepavali geht es mir nicht um die Wahrheit, die im THC ist, hier bezweifle ich den Wahrheitsgehalt von Emotionen. Täte ich das nicht, könnte ich auch im Fußballstadion nach Gotteserlebnissen suchen. Traue nicht den Gefühlen. Traue nicht dem Haschisch. Traue nicht dem Faulsein. Das sind meine drei Säulen der Weisheit von Varanasi, und darüber hinaus habe ich zu dieser Stadt eigentlich nur noch zu sagen, dass sie die Mitte ist. Die Mitte der nordindischen Tiefebene, die Mitte meiner Reise und die Mitte der Reise, die der Ganges macht. Bei Varanasi hat er etwa die Hälfte seines Weges von der Quelle bis zur Mündung hinter sich gebracht, und es ist bezeichnend für den Hinduismus, dass er seine Hauptstadt des Todes an die Mitte des heiligen Flusses gebaut hat und nicht an dessen Ende. Der Tod ist nur ein Tal zwischen zwei Wellen. Das Ende ist die Mündung. Der Ganges mündet im Golf von Bengalen. Die Seele in Gott. Eigentlich ein starker Satz, aber für einen, der eben noch gottlos war, ist es eher ein Rückfall.

Und wie geht's jetzt weiter? Zwischen Varanasi und Kalkutta liegen die Wälder von Bihar. Sie sind wunderschön und saugefährlich. Räuber leben in ihnen. Deren Ideale haben nichts mit Robin Hood zu tun. Ich schätze, sie kennen nicht mal seinen Namen. Die Räuber von Bihar nehmen von den Reichen, aber geben nichts den Armen. Sie nehmen auch von den Mittel-Reichen und den nur Wenig-Wohlhabenden, sogar von den Fast-Armen. Sie nehmen grundsätzlich von allen grundsätzlich alles. Auch das Leben. Nur ein totes Opfer ist ein gutes Opfer, weil es keinen Ärger mehr machen kann.

Die Brutalität der Räuber von Bihar ist das eine. Das andere ist ihre schiere Menge. Böse Zungen behaupten, dass die Bevölkerung von Bihar (sechsundachtzig Millionen) praktisch eine einzige große Räuberbande ist. Warum, ist klar. Es gibt kaum andere Gelegenheiten, sich zu beschäftigen. Und das nicht erst seit einem Jahr. Die Arbeitslosigkeit und die daraus resultierende Verarmung in dem unterentwickeltsten Bundesstaat Indiens währt lange genug, um das Räuber-Gen zum festen Bestandteil der Erbanlagen zu machen. So weit die bösen Zungen. Scarlets Kommentar, mit der ich in Delhi vor Tagen darüber sprach: «Wenn ich in Bihar zu tun habe, reise ich nur in Begleitung eines lokalen Journalisten. Die wissen, wann welche Straße gerade nicht überfallen wird.» Gibt es keine Polizisten? Es gibt zu viele. Und weil alle korrupt sind, machen sie leider Druck in die falsche Richtung. Je mehr geraubt und gemordet wird, desto mehr Bestechungsgelder verdienen sie. Dazu kommt: Die Straßen von Bihar sind für die Belange der Wegelagerer geradezu ideal. Jahr für Jahr geht der Monsun drüber, ohne dass sie nachher irgendwer repariert. Das macht sie nicht nur zum Härtetest für Mensch und Material, das macht sie auch sehr langsam. Govinda jedenfalls weigerte sich, sie mit mir zu befahren. Er hatte sich mit seiner Familie und Kollegen besprochen. Alle sagten, nein, er soll den Zug nach Kalkutta nehmen. Aber nur den Nonstop-Express. Der hält in diesem Scheißbundesstaat nicht einmal an. Kein schlechter Vorschlag, aber «er» bin ich, und mir ist heute einfach nicht nach zwölf Stunden Fahren mit der indischen Eisenbahn. Mir ist eher nach einer Stunde Fliegen. Okay, zwei Stunden, weil ich keinen Direktflug bekomme.

Zeit, um zu lesen.

Das Bombenattentat von New Delhi ist inzwischen auf Seite vier der «Hindustan Times» zurückgefallen. Die Titelseite gehört einer Gefängnisrevolte. Zehn Wächter erschlagen! Achttausend Kriminelle ausgebrochen! Wann? Gestern. Wo? In Bihar. Es macht Spaß, Nachrichten zu studieren, die Reiseentscheidungen als richtig bestätigen. Meide die Gefahr, berausche dich am Leben. Auch an dem Wein, den sie an Bord anbieten. Modernes Pilgerleben, aber ewige Wahrheiten. Zum Beispiel: Rotwein macht schläfrig. Ich nicke ein und wache wieder auf von einer Durchsage des Kapitäns. Ich verstehe sie nicht. Aber ich muss eine ganze Weile gedöst haben, denn unter uns ist bereits das Lichtermeer von Kalkutta. Und über uns der Vollmond. Dann ist er weg. Jedenfalls aus meiner Sicht, weil der Flieger sich in eine Kurve legt, um den Landeanflug einzuleiten. Denke ich. Macht er aber nicht. Stattdessen beginnt er über dem Domestic Airport der 14-Millionen-Metropole West-Bengalens zu kreisen. Und nach jeder Runde kommt der Mond zurück. Weil der Nachthimmel gänzlich wolkenlos ist, wirken die Höfe des Mondes wie seine Aura auf mich. Ein Himmelskörper mit Heiligenschein. Und zack, ist er wieder verschwunden. Obschon, so zack, zack nun auch wieder nicht. Der Flieger ist keine MIG. In der Passagierluftfahrt legt man sich magenfreundlich in die Kurven. Und wie wird Kalkutta sein? Wo werde ich schlafen? Wen werde ich treffen? Die Guten oder die Bösen? Oder, wie in Varanasi, eigentlich nur mich? Nein, das glaube ich nicht, dafür funkelt die Stadt zu fröhlich. Das lässt auf ein lebendiges Nachtleben schließen und weniger auf beharrliche Selbstreflexion. Eine gewisse Erregung bemächtigt sich meiner. Außerdem freue ich mich auf die erste Zigarette nach dem Flug. Zwei Stunden nicht rauchen geht in Ordnung, aber langsam meldet sich der Nikotinentzug. Ebenfalls meiner guten Laune ein wenig abträglich ist das Geräusch, das sich alle paar Runden um den Mond wiederholt. Weil ich so oft fliege, kenne ich es gut. Ich habe es tausendmal gehört, und was mich stutzig macht: Heute hört es sich anders an als die tausend Mal zuvor. Kürzer, ruckartiger, es zieht nicht wirklich durch. Kann es sein, dass wir seit nunmehr einer halben Stunde um den Vollmond kreisen, nicht weil wir noch keine Landeerlaubnis bekommen haben, wie der Kapitän von Zeit zu Zeit erzählt, sondern weil er das Fahrwerk nicht herauskriegt? So einen Satz beendet man nicht mit einem Fragezeichen allein. Da gehört ein Ausrufezeichen dazu!

Ich persönlich habe noch nie eine Bauchlandung erlebt. Ein Freund hat mir davon erzählt. Sein Name ist Mischa, und Mischa gilt nicht als besonders zimperlich. Drachenflieger, Dschungelführer, Amazonas-gestählt. Beim Drachenfliegen brach er sich mehrmals die Beine, im Amazonas holte er sich die Malaria und

Schusswunden. Trotzdem, sagte Mischa, war die Bauchlandung seinerzeit in Kenia das Schlimmste, was er je
erlebt hat. Die Airlines verniedlichen ja gerne das eine
oder andere. In ihren Sicherheitsvideos fallen bunte
Sauerstoffmasken wie Überraschungspräsente vor die
Nasen der Passagiere, wenn der Luftdruck in der Ka-
bine nicht mehr stimmt. Und zum Thema Bauchlandung sagen sie, dass es reicht, sich in den Sitzen nach
vorne zu bücken, wie beim Gebet. Und nachher sieht
man fröhliche Passagiere auf den Rutschen der Not-
ausstiege. Mischa dagegen meinte, mit einer Landege-
schwindigkeit von 380 km/h ohne Räder auf Beton aufzusetzen fühle sich an, als wenn ein Riese mit einem
riesigen Vorschlaghammer auf dein Rückgrat schlägt.
Wievielmal pro Minute? Fragen wir lieber: wievielmal
pro Sekunde? Mit einem Bandscheibenvorfall ist das
nicht vom Tisch. Und die Verletzungen, die entstehen,
wenn in diesem Rhythmus der Kopf auf die Knie knallt,
sind auch nicht ohne.

Die Romantik, die naturgemäß im Vollmondumkrei-
sen liegt, wird durch solche Szenarien ein wenig ge-
trübt. Ist es der letzte Vollmond meines Lebens? Ist es
Shiva Moon? Das ist die eine Frage. Die andere: Ist Gott
ein Sadist? Ist das seine Belohnung für meine erwach-
sene Entscheidung, auf Nummer Sicher zu gehen? Und
was heißt eigentlich «Nummer Sicher» beim Thema
Tod? Auch 'ne gute Frage. Außerdem wird zunehmend
klarer, was man sich in so einem Moment von Herzen
wünscht. SOS heißt nicht «save our so and so (Geld)»
oder «so and so (Macht)» oder «so and so (Ruhm)»
oder «so and so (Beziehung)». Nicht mal «so and so
(Leben)». Nein. SOS heißt SAVE OUR SOULS.

Und wer rettet Seelen? Diese Frage ist der zweite Rückfall heute, denke ich, und dann bekommt der Pilot die Räder doch noch raus und setzt sofort zum Landeanflug an. Dem Gott der Zerstörung ist das allerdings egal. Shiva kann warten.

11. Die Ehre
der Bettler II

Egal, wie eine Reise verläuft – wenn sie dir einen
Freund schenkt, ist sie ein Erfolg. Zuerst fällt mir sein
Bart auf. Er ist fast weiß, wie meiner. Ich schätze, er ist
auch so alt wie ich. Aber er sieht besser aus in seinem
schwarzen Anzug und weißen Hemd. Sein Gesicht ist
markant und wirkt entspannt, während er mit einer
blonden Frau spricht, die ebenfalls in meinem Alter ist.
Sie sitzen am Nebentisch. Sonst ist niemand im Gartenrestaurant des «Fairlawn Hotel». Es ist zu früh. Es ist
Mittag. Es ist heiß. Zum ersten Mal fühlt sich Indien
wie Indien an.

Am Nachbartisch wird freundschaftlich gestritten.
Der Mann schreibt Zahlen auf einen Zettel, die Frau
bittet um seinen Kugelschreiber und schreibt Zahlen daneben. Sie sprechen Englisch miteinander, aber wegen
meiner tauben Ohren verstehe ich nur Fetzen. Beide
gefallen mir immer besser. Er scheint ein guter Erzähler
zu sein, jedenfalls agiert er so, und sie hat Humor und
einen Stil, den man nicht vorm Spiegel üben kann.
Eine schöne Frau, die mit dem Älterwerden keine Pro-

bleme hat, ist eine angenehme Gesprächspartnerin. Als sie mal kurz zur Toilette verschwindet, spreche ich den Inder an.

«Entschuldigen Sie, sind Sie ein Travel Agent?»

«Sie haben zweihundert Prozent Recht!»

Wenig später sitzt er an meinem Tisch, sie auch. Sie heißt Charlotte, ist Engländerin, wie ich vermutet habe, lebt aber in Paris und organisiert Indienreisen. Er heißt Raja und ist ihr Tourmanager vor Ort. «Sie haben Glück», sagt Charlotte, «er ist der beste Führer, den man in Kalkutta finden kann.» Raja lächelt, will aber das «Glück» so nicht stehen lassen. Für ihn ist das Schicksal. Und von langer Hand geplant.

«Was kann ich für Sie tun?», fragt er.

«Ich will zur Mündung des Ganges», sage ich.

«No problem», sagt er.

Der Mann hat Recht. Das muss Schicksal sein, so flott, wie das klappt. Der Ganges mündet etwa hundertzwanzig Kilometer südöstlich von Kalkutta in das Bengalische Meer. Das macht er zwar auch noch an vielen anderen Stellen, weil sein Delta gigantisch ist, aber der Strand, um den es mir geht, wird in Indien von alters her als wahres Pendant zur Quelle gesehen. Er heißt Ganga Sagar. «Was gibt's da zu sehen?», fragt Charlotte. «Eigentlich nichts», sagt Raja. Wieder ein Pluspunkt für ihn. Er will den Job, er braucht das Geld, aber lügen will er dafür nicht. «Es ist ein heiliger Ort», fährt Raja fort. «Einmal im Jahr gibt's dort ein großes Fest. Dann kommen zwei Millionen. Aber jetzt fließt da einfach nur der Ganges ins Meer.»

Wie kommen wir hin? Mit einem Taxi. Wir fahren sechs, sieben Stunden, nehmen die Fähre über den

Ganges, und dann braucht es nochmal 'ne Stunde mit einem anderen Taxi. Dann sind wir da. Wenn ich will, kann ich dort übernachten. Es gibt ein Hotel. Raja würde es nicht empfehlen. Raja empfiehlt, sehr früh aufzubrechen und in der Nacht zurückzukehren.

Die gute Laune wächst. Ein Profi sitzt an meinem Tisch. Kommt er mit? Ja. Na, dann ist ja alles klar. Kann er mir auch in Kalkutta ein Hotel besorgen? Hier im «Fairlawn» ist nichts frei. Zack, das Handy raus, und zack den Ansprechpartner angeschrien. «Ja, ich weiß, es ist Hochsaison. Jaaaa, ich weiß, alles ist ausgebucht. Aber es ist ein guter Freund von mir. Mach was möglich, Mann!» Und dabei grinst er mich an. Mir ist klar, dass es eine Show ist, wahrscheinlich ist das Hotel halb leer, aber solange er die Show so gut wie Al Pacino abzieht, ist er mein Mann. Jetzt hab ich's, an wen er mich erinnert. Er sieht tatsächlich wie Al Pacino aus. Ein bisschen dünner, ein bisschen indischer, aber sonst ganz der gute alte Al. Ich frage, ob ich ihn so nennen darf, aber das verbittet er sich. Er findet Robert De Niro besser. Charlotte gibt ihm Recht. «Al Pacino ist was für Schwule», sagt sie. Und dann kommt auch schon die Madame des Hotels.

Das «Fairlawn» ist ein Klassiker. «City of Joy» wurde in ihm gedreht, weil es wie ein Film aussieht. Aber auch wie ein Roman. Man wohnt in der Geschichte jener Tage, in denen britische Offiziere hier nach dem Rechten sahen und britische Ladys damit beschäftigt waren, ihre Gesichter weiß zu halten. Madame, die über achtzig ist, tut das noch immer. Sie hat sich ein knallweißes Puppengesicht geschminkt. Ihr Mann, mit dem sie das «Fairlawn» sechzig Jahre führte, starb vor

zwei Jahren. Sie stirbt nie, fürchten ihre indischen An-
gestellten. Madame ist ein Drachen, sagen sie. Aber zu
mir ist sie süß.

«Junger Mann», flötet sie, «ich hoffe, Sie wohnen
bei uns?»

«Leider nein. Ihr Rezeptionist sagte, es sei nichts
frei.»

«Ach, die bösen Inder.»

«Können Sie ihn manipulieren?»

«Ich fürchte, nein.»

Außer dem guten Gefühl, dass es immer noch
Frauen gibt, für die ich ein junger Mann bin, hat das Gespräch mit Madame also nichts gebracht. Ich werde mit
Rajas Hotel vorlieb nehmen müssen, er hat das Zimmer
inzwischen klargemacht. Ich erkundige mich trotzdem
nach ihren Hunden. Zwei Pudel, bizarr rasiert, immer
mit Schleifchen. Madames Schminke bricht. Sie sind
gestorben, die süßen Kleinen. Erst der Mann, dann
die Hunde, ihr bleibe nur der Ärger mit dem Personal.
Ob ich heute Abend wiederkomme? Ein Bier trinken?
Gern auch zwei, sage ich, und jetzt klimpert ihr Auge.
Wenige Minuten später schleppen zwei ihrer Ange-
stellten Madame weg. Richtung Mittagsschläfchen.

Zurück zum Ganges. Morgen können wir nicht fahren, weil morgen Sonntag ist. Raja hat Familie. Also
übermorgen. Okay, sage ich, dann geh ich morgen ins
Kino. In was für einen Film? «Hanuman». Den will er
auch sehen. Es ist der bislang aufwendigste Zeichentrickfilm Bollywoods, und Hanuman ist ein Affengott,
ein Sohn des Windes. Darum kann er fliegen, er kann
sich aber auch verwandeln, und er hat unermessliche
Kräfte. Er steht für Hingabe und absolute Treue. Um zu

beweisen, dass sein Herz nur für Rama schlägt, reißt er sich eigenhändig die Brust auf. Ehrlich gesagt, interessiert mich die Geschichte nicht sonderlich, mich interessiert, wie der Film entstanden ist.

Vor zehn Jahren habe ich in New Delhi einen Juden aus Beverly Hills getroffen, der 1968 nach Indien kam und dann Indien nie wieder verlassen hat. Er ist ziemlich schnell ein Adjun Akhara geworden, ein Baba im härtesten Sadhu-Orden. Er war der erste Nichtinder, den sie aufgenommen haben. Sie gaben ihm einen neuen Namen: Sitaram. Und einen Spitznamen: Blue Eye Baba. Nach fünfundzwanzig Jahren Askese, Meditation und magischen Ritualen kam Blue Eye Baba eine Idee, und er schrieb sie auf. Ich habe in das Drehbuch hineingelesen, als wir uns in Delhi begegneten. Hanuman als Zeichentrickfilm. Aber Großproduktion. Hollywood, wenn's geht. Er hatte schon mit Produzenten gesprochen. Ich sagte ihm damals, mit Indern müsste es auch klappen. Seitdem habe ich nichts mehr von ihm gehört. Aber jetzt sehe ich überall die Plakate von seinem Film. Und ich will wissen, ob es noch sein Film ist. «Ich glaube nicht», meint Charlotte. Und Raja glaubt es auch nicht. Warum? Was habt ihr? Könnt ihr euch nicht vorstellen, dass ein mit Asche beschmierter halb nackter Asket kalifornischer Herkunft ein goldenes Ei legt? Ein fettes goldenes Ei. Das Ei seines Lebens. Vielleicht hat er sich dafür ein Vierteljahrhundert kasteit.

Es ist auffällig, wie angeregt und vor allem vertraut wir miteinander reden, obwohl unsere Bekanntschaft erst vor dreißig Minuten begann. Raja will das auf die metaphysische Ebene heben, es gibt Menschen, die

MÜSSEN sich treffen, aber ich halte dagegen, dass man es auch gastronomisch erklären kann. Wir sind Menschen, die das «Fairlawn» lieben.

Wer das «Fairlawn» liebt, der liebt auch französische Filme und irischen Whiskey und Mutter Teresa. Ich habe mal eine Geschichte über ihr Haus der Toten gemacht, und an den Abenden hab ich im «Fairlawn» mit den ehrenamtlichen Engeln der Mission ein Bier gestemmt. Junge Spanierinnen, die nach Kalkutta gekommen waren, um für ein paar Wochen Aidskranke zu streicheln und Eiterbeulen zu öffnen. Ich habe für ein paar Tage dasselbe gemacht. Es war eine extrem starke Erfahrung, und ich hoffe, für die Armen, an die man mich heranließ, war es das auch. Einen Toten habe ich angefasst, eingewickelt, ins Auto gehoben und zum Friedhof gebracht. Einen Toten. Später sagte mir der Baba, der mir in Nepal das Mantra gegen die Angst gegeben hat, dass es gut sei, Tote zu sehen. Er nehme jede Gelegenheit dazu wahr. Der Anblick einer Leiche schenke ihm jedes Mal wieder die Gewissheit, dass der Mensch mit dem Körper nichts zu tun hat.

Kalkutta betet Kali an, die Göttin des Todes. Korrekt übersetzt heißt sie «Die Schwarze». Sie hat vier Arme, vier Reißzähne und trägt eine Halskette aus Totenköpfen. Sie wohnt auf den Einäscherungsplätzen und sendet Pocken und Cholera aus, wenn die Opfergaben ausbleiben. Ab und an tritt Kali auch als Pockengöttin auf. Dann heißt sie Sitala, «Die Kalte». Woher ich das weiß? Ich hab's in einem Buch gelesen, und Raja hat es gerade auch erzählt. Raja weiß alles. Und Raja meint, Kalkutta habe ein Imageproblem. Die Welt glaube, Kalkutta sei die schlimmste Stadt in Indien.

In Wirklichkeit sei sie die interessanteste. «Wie lange willst du bleiben?», fragt er mich. Ich weiß es nicht. Ich weiß es wirklich nicht. Zum ersten Mal auf dieser Reise habe ich das Gefühl von open end.

Sonntag. Kinotag. Raja trägt Freizeitkleidung. Ein indisches Langhemd, Baumwollhose, Sandalen. Stellen Sie sich Al Pacino darin vor, und Sie bekommen 'ne Ahnung, wie das aussieht. Zwei fünfzigjährige Männer sitzen mit Popcorntüten zwischen einem Haufen Kinder und einem Haufen Mütter im Vormittagsprogramm, um zunächst die Abenteuer zu sehen, die Hanuman als Baby erlebt. Er wirkt eigentlich wie ein Menschenbaby, nur sein Mund und die Backen erinnern an einen Affen. Und das Schwänzchen. Klein Hanuman schläft in einem mit blauer Seide bezogenen Bett. Er wird wach, er reckt sich, er schlägt die Augen auf. Was er durch das Fenster sieht, entzückt ihn. Eine dicke Mango hängt in einem Baum. Die Fähigkeit des Fliegens ist ihm angeboren, und er hat denselben Stil wie Superman. Er flattert nicht mit den Armen durch die Luft, er streckt einfach nur seine Hand dem Ziel entgegen, und ab geht's. Im Baum wartet eine Enttäuschung auf Hanumännchen. Die Mango ist weg. Aber nein, da ist sie ja. Nachdem er ein paar Blätter zur Seite geschoben hat, kann er die Mango wieder sehen. Sie ist noch dicker geworden. Sie hängt nur ein bisschen weiter oben. Und zack, fliegt Hanuman zur Sonne.

Eigentlich eine schöne Geschichte. Aber kein schöner Film. Bollywood kann das nicht. Seine erste Zeichentrick-Großproduktion sieht aus wie Billigdeko für einen Kindergeburtstag. In der Pause geben wir auf.

Im Vorraum des Kinos studiere ich nochmal das Film-
plakat und finde, wie schon beim Studium der Credits
zu Beginn des Films, auch hier nicht den Namen, den
ich suche. Nicht seinen alten, nicht seinen neuen, nicht
seinen Spitznamen. Sie haben Blue Eye Baba verarscht.
Sie haben seine Idee gestohlen. Und sie haben es noch
dazu schlecht gemacht. Na ja, was soll's. Er ist vom Ju-
dentum zum Shivaismus konvertiert und ein Asket geworden. Alle Gebräuche, Techniken und Selbstgeiße-
lungen der Asketen zielen auf die Eliminierung (oder
Überwindung) des Ego. Mit dem geklauten Hanuman
hat Blue Eye Baba eine gute Gelegenheit, sich darin
weiter zu üben. Und halt! Vielleicht haben sie ihm die
Idee nicht geklaut, sondern für zehn- oder zwanzigtausend Dollar abgekauft. Das ist wahrscheinlicher. Aber
nicht weniger schmerzhaft. Blue Eye Baba kann seit Wochen überall in Indien die haushohen Filmplakate von
«Hanuman» sehen und sich den Arsch abärgern. Seine
Vision ist wahr geworden. Ohne ihn. Die große Traum-
erfüllungsmaschine arbeitet nicht immer punktgenau.

Am Nachmittag mache ich den entscheidenden Fehler.
Es beginnt mit einer guten Tat. Ich bin wieder allein
und auf der Straße, in der das «Fairlawn» ist. Sie heißt
Sudder Street. Die Meile der Traveller. Hier sind die billigen Hotels, die Reisebüros, die Telefonläden, die Cof-
feeshops. Ich sitze in einem und sehe nach draußen.
Junge Menschen aus wahrscheinlich aller Herren
Länder und indische Bettler sind unterwegs. Es ist wie
seinerzeit in Rishikesh. Mit einem Unterschied. Die
Bettler von Kalkutta sind anhänglicher. Sie folgen dir
wie Hunde. Vielleicht liegt es daran, dass fast alle In-

dienreisenden Kalkutta an das Ende ihrer Reise setzen, sie sind dann gegenüber Bettlern schon ein bisschen abgehärtet. Mir jedenfalls geht es so. Ich habe mittlerweile einen Energieschild gegen das Phänomen. Und manchmal ein schlechtes Gewissen. Dann schreite ich zur guten Tat.

Beim letzten Mal in Kalkutta bettelte mich ein kleiner Junge an. Vielleicht neun, vielleicht zehn Jahre alt. Ich sagte, pass auf, ich schenk dir nichts. Du musst etwas dafür tun. Zeig mir das Haus von Mutter Teresa. Er zeigte es mir. Dabei stellte sich rasch heraus, dass er intelligent war, Englisch sprach und schnell dazulernte. Ich machte ihn zu meinem Guide. Zunächst erwies sich das als eine gute Idee. Der Kleine kannte sich in den Straßen aus wie eine Maus. Natürlich lud ich ihn auch zum Essen ein. Und sprach mit ihm über sein Leben. Über seine Zukunft. Über seine Möglichkeiten. Erinnern Sie sich an den zweiten Teil von Spielbergs «Indiana Jones»-Trilogie? Er spielt in Indien, im «Tempel des Todes». Indy hatte auch einen kleinen Freund in diesem Film, einen Jungen, so alt wie mein Guide. So in etwa war ich drauf. Schenke einem Hungrigen keinen Fisch, sondern lehre ihn fischen, sagt ein chinesisches Sprichwort. Oder ein indisches? Ich half also einem Bettlerjungen aus Kalkutta dabei, sich eine Zukunft im Tourismusgewerbe vorzustellen, und nach drei Tagen begann er, mich «Uncle» zu nennen und dabei komisch zu gucken. Dann bekam ich mit, dass ich in der Straße als Kinderficker galt. Ich war unheimlich sauer damals.

Meine gute Tat heute sieht so aus: Vor dem Coffeeshop steht eine Riksha. Keine Motor- oder Fahrrad-

riksha, sondern eine, die zu Fuß gezogen wird. Laufrikschas gibt es nur noch in Kalkutta. Den anderen
indischen Großstädten sind sie zu peinlich oder zu
langsam geworden, aber die Kommunisten, die seit
dreißig Jahren die Kommunalpolitik hier in Kalkutta
dominieren, sehen das pragmatisch. Jeder, der noch
laufen kann, soll sein Glück versuchen. Das kleine
Männchen, das vor seiner Rikscha steht, hat einen
langen Spitzbart und lustige Augen. Er fixiert mich bereits seit geraumer Zeit. Er zeigt auf seine Rikscha. Er
klopft an seine Beine. Alles bestens. Alles Muskeln. Ich
will zum Haus von Mutter Teresa. Ich weiß, dass die
Tour eigentlich zu weit für eine Laufrikscha ist, aber ich
weiß nicht, wie viel zu weit. Ich hab's vergessen. Ich
bin seinerzeit immer nur mit dem Taxi hingefahren.

«Mother, no far, Sir», sagt euphorisiert der lustige
Ziegenbart und bittet mich, auf der Rikscha Platz zu
nehmen. Sobald man sitzt, stellt man fest, wie hoch das
ist. Nicht so hoch wie auf einem Elefanten, Kamel oder
Pferd, aber höher als auf einem Fahrrad. Die ganze
Straße sieht mich. Der Mann läuft los. Der alte Mann,
sollte ich besser sagen. Ich kann nichts dagegen machen. Ich fühle sofort ein koloniales Unbehagen. Purer
Blödsinn, ich weiß, der Alte dankt gerade Allah für das
überraschende Sonntagsgeschenk. Er ist Moslem, und
er zieht mich durch Moslemgassen, in denen Köpfe
geschlachteter Hammel zu beiden Seiten grüßen und
Hühner, im Dutzend zu Sträußen gebunden, den
letzten Tag ihres Lebens genießen. Er zieht mich aber
auch an heiligen Kühen vorbei, die damit verglichen
eine fabelhafte Existenz haben, an Gebetshäusern, Ga-
nesha-Schreinen und den tausendundeinen Erschei-

nungsformen des Kleingewerbes, der Handwerkskunst, der allgemeinen Händlerei. In diesen Gassen ist die Laufriksha noch sinnvoll, obwohl ich bequem zu Fuß neben ihr hergehen könnte, es sind allerdings auch andere zu sehen, die sich ziehen lassen, gern zu zweit, Inder wie Touristen. Hier ist das normal, aber als wir aus dem Viertel der kleinen Gassen herauskommen, fädelt sich Kollege Ziegenbart nach rechts in den Verkehr einer der größeren Straßen der Megametropole ein.

Und gibt richtig Gas.

Ich weiß inzwischen auch seinen Namen. «Jaba», rufe ich, «how far, mother?» Wer immer dasselbe fragt, bekommt nicht immer dieselben Antworten. Aber in meinem Fall schon. Okay, denke ich, gleich geht's wieder irgendwo rein, und dann sind wir da. Das Blöde an dieser Art Strategie ist, dass die Auskunft ständig stimmen kann. Oder auch nicht. Egal, wie lange man schon fährt. Was heißt fährt? Rollt. Im Schritttempo. Busse, Lastwagen, Autos, MOTOR-Rikschas und Fahrräder überholen uns. Täusche ich mich, oder sorge ich hier für Heiterkeit? Alle lachen mich aus. Um es kurz zu machen: Jaba zieht mich erst einige Kilometer geradeaus, an einer Megakreuzung biegt er nach rechts ab, um etwa eine Viertelstunde später nach links abzubiegen, und diese Straße ist jetzt sechsspurig. Natürlich weiß ich, dass ich niemand werde erklären können, warum ich nicht endlich einfach «Stopp!» rufe und in ein Taxi umsteige. Ich kann es mir ja selbst nicht erklären. Ich habe nur Anhaltspunkte. Der erste ist bekannt. Hoffen auf die nächste Ecke. Der zweite ist eine Charakterschwäche. Ich kann niemandem wehtun. Ich habe Jaba bereits ins Herz geschlossen. Und er freut sich so. Der dritte Grund, den Wahnsinn nicht zu beenden, hat mit dem Smog zu tun. Verglichen mit Kalkutta sind New Delhi, Bangkok und Istanbul Luftkurorte. Und ich krieg die volle Ladung. Die Wirkung erinnert mich an Opium, was die den Willen zersetzenden Eigenschaften der Droge angeht, leider fehlen die schönen. Ich werde nur schwächer und schwächer, geistig wie körperlich, und es kann natürlich auch sein, dass ich den Smog überbewerte und es wieder mal nur einer dieser depressiven Anfälle ist, die mich auf der Reise wie schwarze Vögel begleiten und Schatten auf meine Seele werfen, sobald sie über mir sind. Ich weiß es nicht, wahrscheinlich kommt da eines zum anderen. Fakt ist: Ich habe einfach keine Kraft mehr, das Ruder herumzureißen.

So viel zu meinem Willen. Jetzt zu meinem Arsch. Laufrikschas haben keine Stoßdämpfer, und die Straßen von Kalkutta sind Schlaglochfallen. Jedes Mal knallt es mir ins Rückgrat, wie mit einem Hammer geschlagen. Und anscheinend immer auf denselben Nerv, kurz über dem Steißbein. Es pocht und pocht. Das beunruhigt mich. Ich hatte mal vor Jahren einen Bandscheibenvorfall und will ihn NIE WIEDER haben. Die gute Nachricht: Das Rückgrat hält. Die schlechte: Bei einem besonders fiesen Schlagloch krachen meine Kiefer dermaßen aufeinander, dass ein Zahn abbricht.

Ich kann es nicht glauben. Es tut auch nicht weh, aber die Lücke, rechts unten, ist da. Die Lücke ist nicht total. Teile der Ruine haben das Schlagloch überstanden. Ich reagiere mit verhaltenem Entsetzen. Ein privater Albtraum wird wahr. Ich habe vor dem Zahnarzt mehr Angst als vor der Hölle. Nur vor einem Zahnarzt nicht. Er praktiziert in Hamburg. Er hat mir noch nie wehgetan. Er ist die absolute Lichtgestalt, nie würde ich zu einem anderen gehen. Und NIE zu einem in Indien. Nie, nie, niemals! Den Rest der Fahrt warte ich darauf, dass der Schmerz einsetzt. Macht er aber nicht, und nach einer Stunde sind wir da. Jaba kann mich nicht direkt bis vor das Haus der Toten ziehen. Hundert Meter vorher ist eine Sperre für jede Art von Fahrzeug, selbst für dieses. Gut ein Dutzend Laufrikschas warten davor, und Jaba reiht sich ein. Als ich von der Rikscha steige, bemerke ich, dass ich Probleme mit dem Gehen habe. Als hätte ich Holzbeine. Außerdem ist mir übel. Eigentlich sollte ich mich sofort hinlegen. Aber wohin? Neben die, die schon auf der Straße liegen? Ich will gar nicht genauer hinsehen. Ich schaff das jetzt nicht. Ich habe gerade absolut keine seelischen Immunkräfte mehr. Das ist Hardcore-Indien. Das ist Kalighat. Das Viertel, in dem sich nicht nur Mutter Teresas Haus befindet, sondern auch und vor allem der wichtigste Kali-Tempel der Stadt. Der älteste. Der grausigste. Früher wurden hier der Schwarzen Göttin Menschenopfer dargebracht. Inzwischen schneidet man nur noch Ziegen rituell die Kehle durch, um Kali um Gnade anzuflehen. Wer hierher kommt, hat echte Probleme. Und so sehen die meisten aus, die vor dem Tempel liegen oder stehen.

Endlich bei Mother. Hier steht niemand mehr. Hier sterben sie nur noch. Als ich das Haus der Toten betrete, sehe ich so ziemlich genau dasselbe wie bei meinem ersten Besuch vor sieben Jahren. Alles Elend der Welt auf fünfzig blauen Bahren. Oder auf siebzig oder hundert, wie gesagt, ich will nicht genau hinschauen, also auch nicht zählen. Ich will nur Andi treffen. Den heiligen Bayern. Als ich ihn kennen lernte, streichelte er bereits seit mehr als zwanzig Jahren in diesem Haus, ehrenamtlich und unentgeltlich, die Armen in den ewigen Schlaf. «Der Tod ist ein sanfter Bruder», sagte er mir damals. Und natürlich ist er nicht da. Er ist in Deutschland. Er kommt in zwei Wochen wieder.

Zurück.

Vorhin habe ich mich noch nicht geschämt. Jetzt schäme ich mich. Warum nehme ich nicht wenigstens für die Rückfahrt ein Taxi? Ich erklär's mal so: Ich habe es versucht. Ich bot Jaba sogar an, ihm die Leerfahrt zu bezahlen. Mein guter Wille würde mit ihm fahren und ich ein Taxi nehmen. «Ja», hat Jaba gesagt, «Taxi» und dabei strahlend auf seine Rikscha gezeigt. Und jetzt, wo ich tatsächlich Anstalten mache, mich wieder auf sie zu setzen, höre ich plötzlich empörte Rufe hinter mir. «Sir! Sir!» Ich drehe mich um und sehe Jaba. Ich habe den Falschen angesprochen. Kann man nun vielleicht erahnen, wie es um mich bestellt ist?

Eine Stunde hin, eine Stunde zurück, dann wanke ich in das Restaurant «Zürich», gleich neben dem Coffeeshop, an dem die Spritztour begann. Es ist das beste Restaurant in der Sudder Street. Indische, chinesische, italienische Küche, es gibt sogar Kartoffelbrei, das Lieblingsgericht meiner Kindheit und das einzige, dem ich bei diesem Stand der Dinge in Sachen Zähne noch vertrauen kann. Okay, auch Suppen und Haferbrei muss man nicht kauen, aber Suppen sättigen mich nicht, und Banana Porridge haben sie nur zum Frühstück, und während ich auf mein Essen warte, stellt sich eine

Bettlerin vor die Tür des Restaurants und schaut mich an. Eine junge Frau, die alt aussieht. Und lachende Augen hat. Wie Jaba. Daher kenne ich sie. Jaba hatte für die Fahrt einen schon unanständigen Preis genannt, und er tat das nicht, weil er den Charakter eines Straßenräubers hat, sondern weil er annahm, dass ich handeln würde. Ich handelte jedoch nicht. Ich sah mich nicht mehr in der Lage dazu. Ich bat ihn nur, aber das inständig, NIEMANDEM zu erzählen, WIE VIEL ich ihm für die Fahrt bezahlt habe. Und die Bettlerin, die mich fixiert, während ich auf meinen Kartoffelbrei warte, war die Erste, der er es erzählt hat, lachend und vor Glück strahlend.

Die Bestellung dauert, denn das «Zürich» ist knallvoll, und als der Kartoffelbrei kommt, dauert's nochmal geraume Zeit, weil ich vorsichtig esse, und die ganze Zeit steht die junge Bettlerin vor der Tür und sieht mir dabei zu. So geht das nicht, denke ich. Du bist arm, und ich bin reich, das weiß ich, und die paar Rupien, die du willst, machen mich kein Stück ärmer, das weiß ich auch, aber so geht das trotzdem nicht. Das ist kein Bitten um eine milde Gabe. Das ist Aggression. Und ich gebe ihr wirklich nichts, als ich rausgehe. Sie kommt hinterher. Sie hält mich fest. Ich mache mich los. Sie lässt nicht locker. Sie bleibt neben mir. Sie kann drei englische Wörter. «Sir» und «please» und «hungry». Ich gebe ihr nichts. Ich will es nicht. Ich will mich nicht zu guten Taten zwingen lassen, und ich will nicht, dass sie mit dieser Strategie Erfolg hat, und komisch, auch das fällt auf, mit einem Mal funktioniert mein Wille wieder. Und wie. Will er sich an der jungen Bettlerin für das Desaster rächen, das er in der Laufrikscha erlebt hat?

In einem Internetshop werde ich sie los, aber als ich wieder rauskomme, geht es weiter. Sie folgt mir zu einem Laden, in dem ich Zahnpasta und Seife kaufe, sie folgt mir zu einem anderen, in dem ich einen Schreibblock erstehe, sie folgt mir die Straße rauf und die Straße wieder runter, und kurz bevor ich den Eingang zum «Fairlawn» erreiche, will ich mir noch an einem Kiosk Zigaretten kaufen, und auch dahin folgt sie mir und zupft an meinem Hemd und sagt «Sir, please, hungry!» und kennt plötzlich noch zwei Wörter mehr. «Only twenty-two, only twenty-two.» Das überrascht mich, nein, es berührt mich, weil in ihren Augen tatsächlich zweiundzwanzig steht, aber ihr Körper wie sechzig ist, oder wie fünfzig. Vielleicht ist es das, vielleicht bin ich auch nur ihrer und meiner Hartnäckigkeit überdrüssig, habe es satt, das Spiel bis an den Rand des Unerträglichen zu treiben, denn auch ich bin die ganze Zeit über ja nicht stumm geblieben. Auch ich habe mit ein paar Brocken Englisch geantwortet, mit «no» oder «go», oder auch mal mit einem ganzen Satz wie «I don't like this». Und dann wieder «no» und «go» oder «go away». Ja, wohin denn? In dein Elend? In deine Dunkelheit? In dein Karma? In dein Leben? Egal wohin, geh einfach. Und lass mich in Ruhe. Ja, du hast gewonnen. Ja, ich geb dir jetzt etwas. Aber nicht den Zehn-Rupien-Schein, den ich vom Zigarettenverkäufer zurückkriege. Das ist zu viel. Ich bitte den Mann, mir die Note in Münzen zu wechseln, und gebe der jungen Bettlerin fünf davon. Fünf Rupien. Das, was sie von Indern bekommt. Und ich erwarte hundert Prozent, dass sie das kritisiert, weil ich kein Inder bin. Ich erwarte ein ärgerliches Gesicht,

Undankbarkeit und einen geringschätzigen Blick. Und es haut mich aus den Socken, denn das Gegenteil von alldem stimmt. Fünf Rupien sind zehn Cent, aber sie sagt «Thank you» in einem Tonfall, als hätte ich ihr das Hundertfache gegeben. Und lächelt dazu. Dankbar und glücklich und strahlend. Und noch etwas: In diesem Moment erkenne ich nicht nur an ihren Augen, dass sie erst zweiundzwanzig ist, sondern ihr ganzes Gesicht ist plötzlich zweiundzwanzig, und es ist wunderschön. Dann ist sie weg. Einfach verschwunden. Und mir, ich verstehe es selber nicht, bricht das Herz.

Ich suche die junge Bettlerin noch etwa eine halbe Stunde, laufe die Straße auf und ab. Ich will mich entschuldigen. Ich will es wieder gutmachen. Nicht nur mein Verhalten ihr gegenüber. Ich denke jetzt an all die Bettler, denen ich nichts gab außer bösen Gedanken. Als hätte ich eine Ohrfeige von Gott bekommen. Ich will ihr fünfzig Rupien geben. Oder hundert. Ich will sie wirklich glücklich machen. Ich will noch einmal dieses Lächeln sehen. Ich will heute Nacht mit der Gewissheit einschlafen, dass mir vergeben worden ist. Daraus wird leider nichts.

Es scheint sich einiges zu tun in Kalkutta. Der Zahn bricht ab, das Herz geht auf, ich meine sogar Grillen zu hören, als ich wieder im «Fairlawn» bin. Charlotte sitzt mit einem Inder am Tisch. Er erinnert mich an Raja, obwohl er kleiner ist und sein Gesicht keine Ähnlichkeit mit dem des Travel Agent hat. Es ist seine Art. Die Art, wie er redet und denkt. Und wie er sich kleidet. Und wie er trinkt. Bisher kannte ich nur zwei Typen von Indern: die alten und die neuen. Die alten glauben an

Mantras, die neuen an Millionen. Die alten tragen Hüft-tücher oder diese langen weiten weißen Sachen (mit oder ohne Turban), die neuen bevorzugen Diesel-Jeans oder Maßanzüge (aber nie ohne Rolex). Die alten sind lustig. Die neuen lächerlich. In Kalkutta lerne ich einen dritten Typus kennen. Weder alt noch neu, sondern zeitgemäß, modern, global normal. Hätte ich Raja oder den, der jetzt bei Charlotte sitzt, in New York, Marseille, Tokio oder der Enterprise gesehen, hätte ich ihn fragen müssen, aus welchem Land er kommt. Ich hätte ihn nicht sofort als Inder erkannt. Auch nicht an seinem Englisch. Raja und er haben keinen Akzent. Und nicht diese singende Art zu reden, die den Rhythmus der englischen Sprache sofort aus den Angeln hebt. Sie persiflieren kein Oxford-Englisch wie die Beamten in New Delhi, und sie wackeln auch nicht mit dem Kopf, wenn sie ja, nein oder vielleicht sagen. Ich weiß, es ist eigentlich kein Wackeln, sondern eine liegende 8, die ihr Kopf kreisend beschreibt, und die liegende 8 ist im-merhin das Symbol für Unendlichkeit. Aber es sieht wie Wackeln aus. Nein, der Inder an Charlottes Tisch wackelt nicht. Auch inhaltlich nicht.

Er ist so um die dreißig und Unternehmer. Er stellt Maschinenteile her. Als ich ihn frage, ob er exportiert, lacht er mich aus. Der indische Markt genügt ihm, sagt er. Dann sagt er eine Weile nichts mehr, wahrschein-lich hält er mich für bekloppt. Ein Binnenmarkt mit 1,2 Milliarden Menschen braucht uns nicht. Ich ent-schuldige mich, und er taut wieder auf. Er will wissen, wie mir Kalkutta gefällt. Besser als alle anderen Städte. Warum? Kann ich noch nicht sagen. Eigentlich bin ich ganz gut darin, den Geist einer Stadt zu erfassen.

Aber hier muss ich passen. Irgendetwas Schönes liegt in der Luft, etwas Spezielles, ich weiß nur noch nicht, was. «Vielleicht sind es die Bengalen», sagt Charlotte. «Sie sind entspannter als die anderen Inder.» Er nimmt darauf einen Schluck Bier und sieht mich lächelnd an.

«Vielleicht ist es die Menschlichkeit», sagt er.

Nimmt er mich hoch, oder meint er das ernst? Kalkutta gilt als die Stadt mit den unmenschlichsten Lebensbedingungen der Welt. Aber er hat Recht. Gerade das verführt zur Menschlichkeit. Ein gutes Beispiel dafür setzt sich soeben zu uns. Eine Deutsche. Um die dreißig. Sie lebt seit fünf Jahren in Kalkutta. Die ersten drei hat sie bei Mutter Teresa gearbeitet, seit zwei Jahren tut sie selbständig Gutes. Sie ist Tagesmutter von zwei behinderten Kindern. Wie sie sich finanziert? Sie hat eine Eigentumswohnung in München. Ihr T-Shirt gefällt mir. «I'm not deaf. I ignore you» steht drauf. «Ich bin nicht taub. Ich ignoriere dich.» Sie ist keine Heilige gewöhnlichen Zuschnitts. Sie liebt die Brüche. Man kann helfen und trotzdem genervt sein. Das schließt einander nicht aus. Die Nächste, die an unserem Tisch Platz nimmt, ist eine Spanierin. Auch sie arbeitet nicht mehr bei Mother, auch sie hat ein eigenes Hilfsprojekt. Und dann höre ich, dass Andi, den ich heute gesucht habe, ebenfalls nur noch selten im Haus der Toten ist, er hat ein eigenes Haus für Kinder gegründet. «Wahrscheinlich liegt es daran, dass man nach Mothers Tod der katholischen Kirche nicht mehr trauen kann», sage ich. Jeder nickt. Auch der Boeing-747-Kapitän aus Luxemburg. Obwohl er der Einzige der Runde ist, der weiterhin regelmäßig in Mutter Teresas Haus hilft. Er hat zu wenig Zeit, etwas

Eigenes aufzubauen. Nur zwei Wochen im Jahr. Aber eigentlich ist das auch egal. Wichtig ist doch nur, dass in dieser Stadt die Menschlichkeit keine Christenpflicht mehr ist, sondern Sucht. Eine Sucht nach der Freude, die man schenkt.

So plaudern wir und trinken Bier, und irgendwann muss ich gehen, weil morgen früh um fünf Raja auf der Matte stehen wird, um mich auf der letzten Etappe meiner Reise zu begleiten. Aber ich lasse mir vor dem «Fairlawn» ein wenig Zeit, bevor ich ein Taxi ranwinke. Ich rauche noch eine. Ich hoffe noch immer, die junge Bettlerin wieder zu sehen. Ich würde ihr so gern sagen, was ich inzwischen über sie denke. Ich glaube nicht mehr, dass die Demut die Ehre des Bettlers ist. (Und sie deshalb die Klappe halten sollten.) Nein. Die Ehre des Bettlers ist es, kein Dieb zu sein.

Blöderweise stimmt das auch umgekehrt.

12. Big Mother Ganga

Eine Herde von gelbschwarzen Taxis wird vor dem
Hotel mit Benzin getränkt, Tee fließt durch Siebe,
Lastwagen brüllen auf. Kalkutta ist pünktlich. Raja
auch. Er hat einen schönen weißen Ambassador aufge-
trieben. Allerdings den kleinen, was mich besorgt. Was
schlecht für meinen Rücken ist, ist schlecht für meinen
Zahn. Ich habe zwar noch immer keine Schmerzen,
aber bin diesbezüglich weiter paranoid. Also, ich sitze
auf der Rückbank, Raja sitzt neben mir, der Fahrer hat
am meisten Platz. Raja will wissen, wie mein Sonntag
nach dem Kino gewesen ist. Och, sage ich, so lala. Ich
will's ihm eigentlich nicht erzählen, damit er sich kein
falsches Bild von mir macht. Ich bin nicht japanisiert.
Ich zahl nicht jeden Preis. Ich hatte nur einen schwa-
chen Moment. Ich erzähl's ihm dann trotzdem. Wie ich
vermutet habe, kann er es nicht fassen. Mit der Laufrikscha bis Kalighat?! Was hast du bezahlt? Nee, Raja, das
sag ich dir jetzt wirklich nicht. Er hakt nicht nach. Das
schätze ich an ihm. Er weiß, wann man sein Gesicht
verliert. Die Fahrt aus der Stadt raus dauert. Kalkutta,

das sind 1380 Quadratkilometer, und hinter der Stadt-
grenze sieht es auch noch reichlich kalkuttamäßig aus.
Ich erkenne den Unterschied kaum, aber fühle ihn.
Die Straße verschlechtert sich konstant. Dennoch bin
ich fröhlich. Das Ziel naht. Ob der Ganges mir auch an
seiner Mündung noch etwas zu sagen hat? Bisher tat
er das ja ganz brav. Ich wollte Klarheit? Ich habe sie
bekommen. Und es wird offenbar ein richtig schöner
Morgen.

Raja redet, ich weiß nicht, was. Ich höre nicht
mehr hin. Um diese Zeit mag ich keine durchgehende
Kommunikation. Ich habe es da natürlich leicht. Ich
brauche nur den kleinen Hebel an meinem Hörgerät
nach oben zu stellen. Was bleibt, ist ein beruhigendes
Murmeln. Wie der Motor. Beides zusammen erinnert
mich an meine Oma, ich habe keine Ahnung, warum.
Langsam wird es ländlicher. Und langsam fahren wir
wirklich langsam. Je ländlicher es wird, desto mehr
sieht die Straße wie eine ideale Achsenbruch-Test-
strecke aus. Aber das Grün zu beiden Seiten macht es
wieder wett. Palmen, Mangroven, was weiß ich. Viel
Wasser. Einmal müssen wir vor einer kleinen Brücke
halten, weil ein Seil davor gespannt ist. Ein Wachhäus-
chen steht daneben. Zwanzig Rupien Wegegeld wollen
sie, um die Kosten für den Brückenbau wieder reinzu-
kriegen. Zahlt hier eigentlich niemand Steuern? Oder
stimmt es, dass die Führungskräfte in Politik und Ver-
waltung so korrupt sind, dass die Hälfte aller Staatsein-
nahmen in ihre Hände fließen und die andere Hälfte
ins Militär?

Als ich das Hörgerät wieder anschalte, stelle ich fest,
dass Raja mir sein Leben erzählt. Kindheit und Jugend

habe ich verpasst, ich steige zu Beginn seiner beruflichen Laufbahn ein. Es hat ihn als jungen Mann nach Rajasthan verschlagen, nach Agra. In einem großen Reisebüro arbeitete er sich schnell nach oben, warum, ist mir klar. Raja ist smart. Und kannte alle Bars. Jeden Abend nach der Arbeit trank er seine zwei, drei, vier, fünf Drinks, wie er sagt. Am nächsten Morgen, da war er wie Paul Breitner, stand er wieder Gewehr bei Fuß am Taj Mahal. Der Boss hat ihn geliebt. Irgendwann ging Raja zurück nach Kalkutta und machte hier für den Boss eine Filiale auf. Auf dem Höhepunkt seiner Karriere unterstanden ihm als Filialleiter drei Fahrer und sechzehn Angestellte. «Und jeden Abend trankst du weiter zwei, drei, vier, fünf Drinks?», frage ich. «Na klar. Ich kenne auch in Kalkutta jede Bar.» Aber das war es nicht, was schließlich zur Trennung des Winning teams führte. Der Boss wurde müde, der Boss war nicht mehr offen für neue Ideen. Und Raja hatte ständig welche. Raja träumte von einer großen Zukunft in der Tourismusindustrie. Er kündigte, um auf eigenen Beinen zu stehen. Gleichzeitig hörte er mit dem Trinken auf.

Warum erzählt er mir das? Ich habe nicht den Eindruck, dass er auf Mitleid aus ist. Im Gegenteil. Ich glaube, er will mir damit erklären, dass er mit sich im Reinen ist. Sein Travelling Office ist heute ein Raum in seiner kleinen Zweizimmerwohnung. Sein Partner ist sein Sohn. Raja bringt ihm alles bei, was er weiß. Wieder erinnert er mich an Al Pacino. Oder täusche ich mich, und Raja und Charlotte haben Recht damit, dass Robert De Niro solche Rollen besser spielt? Ist ja auch egal, nicht egal ist allerdings, dass Raja mir langsam zum Bruder wird. Gleiches Alter, gleich gestrickt. Und bald gibt's Frühstück, Diamond Harbour ist in Sicht. Der größte Hafen der East India Company ist heute ein recht witzloser Ort. Aber das Meer ist plötzlich zu sehen. Nein, sagt Raja, das ist der Ganges.

Wir halten vor dem einzigen Hotel. Es ist sehr groß und absolut leer. Der einsame Mann an der Rezeption hat sich einen Schal wie ein Tuch um den Kopf gebunden. Er sieht missmutig aus. Wir sind auch die Einzigen in dem riesigen Hotelrestaurant. Wie riesig? Gewaltig riesig. Ich schätze hundert Tische. Ich setze mich an einen in Fensternähe, Raja verschwindet zur Toilette. Tatsächlich, es naht ein Ober. Er scheint etwas aus der Form zu sein. Er schlurft herbei. Auch seine Kleidung könnte sauberer sein. Ich frag ihn, ob sie Porridge führen. Das wird gekocht. Nein, sie haben nur Toast. Mit Käse? Nein. Mit Butter? Vielleicht, er ist sich nicht sicher. Also trockener Toast und Tee. Nein, Tee haben sie nicht. Nur Kaffee. Was ist das für ein Hotel? Ganz Indien trinkt Tee. Die East India Company hat ihn von China nach Indien verpflanzt und im Gegenzug Opium aus Indien ins Reich der Mitte gebracht. Die East India Company war ein böser Verein. Aber ihre Hotels hatten sie besser im Griff. Der Ober schlurft von dannen, ich genieße den Ausblick. Es gibt fast so viele Fenster wie Tische, und alle sind weit geöffnet. Wind kommt herein, die Sonne strahlt, und der Ganges wirkt nicht nur so breit, sondern auch so blau wie das Meer. Wie gesagt, er wirkt nur so, im Grunde fließt er am Diamond Harbour genauso grau vorbei wie an Varanasi. Aber ich komme einfach nicht runter von diesem Trip. Blau! Meer! Sonnenschein! Ich fühle mich heute

Morgen nun mal so. Und jetzt eine schöne Zigarette. Ich habe sie noch nicht einmal angezündet, da kommt der Mann von der Rezeption mit seiner Schal-Kopfbedeckung angerannt und beginnt zu schreien.

«NO SMOKING!»

Ich bin echt perplex. Riesensaal, komplett leer, alle Fenster offen. Und der schreit mich an, als hätte ich Feuer gelegt. Bürokratie ist das eine, Zickigkeit das andere. Außerdem gibt's Menschenrechte. Nee, hier habe ich keine Lust mehr zu frühstücken. Raja ist von der Toilette zurück. Er hat es mitbekommen. Und was sagt er dazu? Unaufgefordert? «Ich denke, wir sollten woanders frühstücken.» Er ist wirklich der beste Führer, den ich finden konnte. Im Wagen kriegt er sich kaum ein. «Der Idiot. Ich hasse diese Leute. Statt sich zu freuen, dass er off season ein paar Rupien verdienen kann, schreit er dich an. Das gibt es nur in Indien.» Nein, da kann ich ihn beruhigen. Das gibt's überall. Ich mache Raja also mit meiner Asshole/Nice-Guy-Theorie bekannt (oder ist es schon Philosophie?), und Raja liebt sie. Wenig später frühstücken wir bei Mr. Nice Guy und seiner Frau am Straßenrand. Ein kleines Restaurant, in dem nur ein schmaler, langer Tisch und ein paar Stühle stehen. Man kann aber auch vor dem Restaurant sitzen und dem Ehepaar beim Chapatibacken zusehen. Beide sind unter dreißig. Ich frage den Mann, ob er schon mal in Kalkutta war. Eine romantische Frage, gewiss, die auf Erinnerungen an eine schöne Tempelfrau namens Suhila beruht. Auch sie machte den ganzen Tag Chapatis mit diesem fröhlichen Gleichmut, und sie ist in ihrem Leben über die Nachbardörfer nicht hinausgekommen. Das war in Südindien. Warum sollte es am

Golf von Bengalen anders sein? Aber er war schon in Kalkutta. Er hat dort fünf Jahre als Koch gearbeitet. Als er genug Geld gespart hatte, ist er in sein Dorf zurückgegangen, hat geheiratet und sich selbständig gemacht. Er hat seinen Platz mit dem Restaurant an der Straße gefunden. Und seine Frau ebenso. Die Straße ernährt sie. Sie ist wie eine Mutter zu ihnen.

Mutter ruft. Wir müssen weiter. Und wieder ändert sich die Umgebung. Gibt es eine Steigerung für ländlich? Ja, Wildnis. Aber so wild ist es auch nicht. Es gibt keine Häuser mehr, sondern nur noch Hütten, sie sind mit Palmenblättern abgedeckt. Es gibt auch keine Straße mehr, sondern nur noch Spurrillen, die sich um Löcher winden. Trotzdem ist die Piste gut befahren. Vor uns rumpelt ein Schulbus, zum Platzen gefüllt mit Mädchen in blauen Blusen und blauen Röcken. Zu Fuß sind ebenfalls viele Schülerinnen unterwegs, sie haben fast alle hüftlange Haare, allerdings brav zum Zopf geflochten. Nur einmal sehe ich es offen. Am Rand eines Reisfelds bürstet eine alte Frau einer jungen die Haare. Sie fallen wie eine schwarze Welle fast bis zum Boden. Schönes Indien.

Gegen Mittag sind wir bei dem Schiff, das uns über den Ganges nach Sagar Island bringt. Fahrer und Ambassador warten auf dem Festland, wir werden auf der Insel für die allerletzte Etappe ein anderes Taxi nehmen. Die Überquerung des Flusses dauert fast eine Stunde. Ich hatte Recht mit der Vermutung, dass er nicht blau ist. Er ist so schmutzig, dass man keine zwei Zentimeter tief sehen kann. «Stell dir vor, der Schiffsmotor geht kaputt», sagt Raja. «Was würden wir tun?»

«Ich tippe auf schwimmen.»

174

Raja grinst. «Da sind sehr große Fische drin.»

«Ja, habe ich gelesen. Im Ganges gibt es Flussdelphine.»

«Ich spreche von Haien», sagt Raja.

Wie er darauf kommt? Nun ja, das Schiff sieht halt aus, wie Schiffe in Gegenden wie dieser aussehen. Es wurde wahrscheinlich zu Zeiten gebaut, als Mahatma Gandhi noch nicht so schöne Sachen wie «Keine Religion ist höher als die Wahrheit» sagte, sondern «Mama, Mamaaaa, Mamaaaaaa!» schrie.

Ich will es aber nicht spannender machen, als es ist. Wir erreichen wohlbehalten die Anlegestelle auf der anderen Seite, und Raja bittet mich, dass ich mich ein bisschen unsichtbar mache. Die Taxifahrer sollen nicht sehen, dass er mit einem Ausländer kommt. Er will indische Preise. Und er hat Erfolg. Fast zu viel Erfolg. Er findet einen Fahrer, der die Hälfte des Preises akzeptiert, den er hier beim letzten Mal bezahlt hat. Komischerweise freut sich Raja gar nicht über diese Wohltat der Gegenwart. Er ärgert sich lieber über die Vergangenheit. Mich entspannt es. Ich bin also in diesem Auto nicht der einzige Profi, der hin und wieder pennt. Und wir ziehen ähnliche Schlüsse daraus. «Den Fehler mache ich nicht nochmal», sagt Raja, und ich sage: «Ja, ja, mein Freund, man macht denselben Fehler nicht nochmal. Man macht andere. Einen Fehler aber macht man immer, oder nicht?»

Die letzten Kilometer. Sie führen durch eine bessere Welt. Flora und Tiere sind auf der Insel nicht anders als auf dem Festland, aber es ist deutlich weniger Betrieb. Nur einmal im Jahr, wenn Millionen zum Ganga

Sagar Mela kommen, ist diese Straße überfordert. Den Rest der Zeit wird sie so wenig befahren wie eine Straße im Paradies. Ein paar Fahrräder, ein paar motorisierte Klapperkisten, das war's, und ansonsten nur Grün, Grün, Grün. Fettes, saftiges, antidepressives Grün. Die Heimat des bengalischen Tigers? Nein, sagt Raja. Die sind in den Mangrovensümpfen östlich von hier. Da gibt es allerdings sehr viele. Und alle fressen Menschen. Der Speiseplan hat sich bei ihnen recht gut durchgesetzt. Die Honigsucher und Holzarbeiter in den Sümpfen tragen deshalb Gesichtsmasken am Hinterkopf. Sie glauben, dass ein Tiger ungern frontal angreift. Ihre Frauen glauben das nicht. Solange ihre Männer im Sumpf sind, kleiden und benehmen sie sich wie Witwen. Erst wenn die Männer zurückkommen, schminken sie sich wieder ihre Eheornamente. Wie gesagt, Raja spricht, und dann ist plötzlich Schluss mit Grün und Schluss mit dem Tigerseminar, denn wir sind da.

Ganga Sagar.

Raja hatte nicht zu viel versprochen. Es gibt eigentlich nichts Besonderes hier zu sehen. Ein Streifen wüstenähnliches Land und dahinter der Strand. Wir halten an einem Tempel in Bushäuschenformat. Ein Heiliger namens Kapil Muni hat vor Jahr und Tag in ihm meditiert und Befreiung erlangt, jetzt lungern ein paar Sadhus und Rikschafahrer in seinem Schatten. Sie haben Lastrikschas, also keinen gepolsterten Sitz für ihre Fahrgäste, sondern nur ein quadratisches Brett, auf dem man auch Baumaterial oder Fische transportieren kann, wenn keine Pilger in der Nähe sind. Raja macht eine Rikschafahrt für die wenigen hundert Meter Weg klar, die noch zwischen uns und dem Ziel liegen, obwohl ich lieber zu Fuß gehen würde. Ich will keine Erschütterung mehr. Der Strand, auf den der Rikschafahrer im Schweiße seines Angesichts zuradelt, ist zwar nicht menschenleer, aber die vereinzelten Pilger, die sich auf ihm verlieren, unterstreichen den Eindruck, zur falschen Zeit am richtigen Ort zu sein, noch mehr, als wäre tatsächlich niemand da. Mitte Januar ist der richtige Termin. Nicht lange vor meinem Geburtstag. Dann kann sich jeder glücklich schätzen, der hier einen freien Quadratmeter findet. Dann kommt ganz Indien, um die Vereinigung von Big Mother Ganga mit dem Meer zu feiern. Nein, nicht ganz Indien. Es ist das Fest der Fünfzigjährigen, sagt Raja. Na also. Mein Alter, mein Platz.

Ich habe übrigens lange nicht von meinem Zahn geredet. Aber nur, weil ich ein Mann bin. Nicht weil der Zahn ruhig geblieben wäre. Der Achtzig-Kilometer-Schlagloch-Parcours hat seinen Job gemacht. Am Anfang war es nur ein unheilvolles Dräuen, dann nahm das Dräuen zu, inzwischen ist es echter Schmerz. Der Unterschied zwischen echten und unechten Zahnschmerzen zeigt sich daran, was man sonst noch so mit den Händen tut. Irgendwas? Oder klebt eine von ihnen nur noch an der Backe, um zu wärmen oder Trost zu spenden? Verzweifle nicht, lieber Zahn, die Hand ist mit dir. Sie denkt an dich.

In dieser Pose steige ich von dem Lastriksha-Brett, in dieser Pose gehe ich weiter, denn über den Strand fahren die Rikschas nicht. Sie könnten es, der Sand ist feucht und fest, aber sie dürfen es nicht. Man darf auch nicht mit Schuhen über ihn gehen. An diesem

Strand herrschen Tempelregeln. Naturheiliger Boden, nur barfuß zu betreten. Und Vorsicht wegen der Krabben. Ich schätze, eine Million winziger Krabben flitzen unter und neben uns durch ihre Strandtünnelchen. Jede hinterlässt eine Linie im Sand. Und nimmt man alle Krabbenlinien zusammen, sieht das ähnlich aus wie das Straßennetz einer x-beliebigen indischen Großstadt beim Landeanflug. Wenn ich hier 'ne Krabbe wäre, würde ich tagaus, tagein dem Gott der Krabben dafür danken, dass er mich über einen Strand flitzen lässt, auf dem Schuhe verboten sind. Wir flitzen nicht. Wir bummeln auf das Meer zu. Oder ist es der Ganges? «Es ist beides», sagt Raja.

An der Mündung geht es mir ähnlich wie an der Quelle. Ich weiß noch nicht, was ich mir wünschen werde, wenn ich in dem heiligen Wasser stehe. Das heißt, ich weiß es schon, aber der Wunsch, die Sache mit dem Zahn ungeschehen zu machen, beinhaltet ein Wunder. Und Wunder wünscht man sich nicht. Mehr habe ich ehrlich gesagt nicht im Kopf, während ich auf das Gangesmeer zuschlendere, aber kaum stehe ich drin, fällt's mir ein. Ich habe keine Ahnung, ob der Wunsch, den ich plötzlich und wie aus dem Nichts formuliere, ein an dieser Stelle üblicher Wunsch ist. Möglich wär's, weil er thematisch gut zu einer Mündung passt. Ich sehe auf meine Füße herunter, die von heiligen Wellen umspült werden, und wünsche mir vom Gangesmeer, dass sie endlich still stehen, dass sie nicht mehr weiterlaufen, weiter und immer weiter. Wie nun schon seit dreißig Jahren. Es geht nicht um das Ende dieser Reise durch Indien, es geht auch nicht um das Ende aller Reisen durch Indien, es geht vielmehr um die grundsätzliche Einstellung meiner Reisetätigkeiten. Man darf sich das allerdings nicht so vorstellen wie im Film. Es rasen jetzt nicht im Zeitraffer die Bilder von einsamen Nächten in seelenlosen Hotelzimmern an meinem inneren Auge vorbei. Sie schwimmen auch nicht wie Traumsequenzen auf dem Wasser und werden langsam blasser. Die Betten und die Straßen. Die Tage und die Nächte. Die guten und die bösen Momente. Nein, so ist es nicht. Sie schwimmen nicht auf dem Wasser und wellen sich aus, um eins mit dem Meer zu werden. Sie haben auch keine Stimmen, die sich im Chor mit der Brandung vereinigen. Nichts von dem, was Hermann Hesse in «Siddhartha» beschreibt, passiert hier mit mir. Es ist einfach nur das Gefühl, das man immer hat, wenn sich ein Kreis schließt. Je größer der Kreis, desto mächtiger das Gefühl. Die kleine wie die große Reise ist zu Ende. Du hast genug gesehen. Nicht alles, aber es reicht, um zu begreifen, dass es nicht mehr nötig ist, weiterzugehen. Es gibt einen Globetrotter-Test im Internet. Man klickt alle Länder an, in denen man gewesen ist, und bekommt seine persönliche Weltkarte plus Quote. Meine war sechzig Prozent. Ich habe nicht die ganze Welt gesehen, aber mehr als die Hälfte. Und sehen heißt mitnehmen. Von den Latinos die Kunst des Tanzens (das beinhaltet Sex), von den Orientalen die Kunst des Träumens (das beinhaltet Geschichtenerzählen), von den Asiaten die Kunst des Atmens (das beinhaltet Kämpfen). Und das sind nur die Essentials. Die Liste der Details würde ellenlang. Die schwarze Magie der Zigeuner, die Ehre der Türken, die Partys der Libanesen, die Fröhlichkeit der Balinesen. Es reicht, das einmal gesehen zu haben. Zweimal ist kein

Schaden, dreimal ist auch okay. Aber irgendwann wird Abenteuer zur Routine, Lernen zu Konsumieren und Reisen zur Flucht. Dann funktioniert es nicht mehr. Dann musst du dich nach einem Zuhause umschauen. Und wenn du trotzdem noch weiter von Wiederholung zu Wiederholung gehst, weil du dich dran gewöhnt hast, weil es dein System ist, weil du jedem kleinen oder großen Problem ausweichst, zu Land, zu Wasser und in der Luft, wenn es so weit mit dir gekommen ist, dann wirst du verstehen, was der Schriftsteller und Langeweiler Paul Bowles in seinen Memoiren schrieb: «Meine Füße sind meine größten Feinde.» Also bitte, bleibt stehen.

Aber nicht in Indien.

Und auf keinen Fall hier.

Warum nicht?

Vielleicht darum nicht: Raja will, bevor wir nach Kalkutta zurückfahren, noch schnell das einzige Hotel vor Ort inspizieren. Es steht direkt hinter dem Strand im Grünen. Von außen sieht es nicht schlecht aus, ich meine, die Mauern sind solide, aber drinnen verströmt es die gleiche gespensterhafte Atmosphäre wie das Hotel in Diamond Harbour. Zwei Gestalten ruhen im Foyer. Raja stellt sich ihnen als Direktor einer namhaften Travel Agency aus Kalkutta vor, der ihnen Gäste vermitteln könnte, wenn es ihm beliebt. Er möchte deshalb einen Blick in das beste Zimmer werfen. Ich auch. Daraufhin zeigen sie uns ihren «De-Luxe-Room». Als wir ihn betreten, verschlägt es uns den Atem. Mehr noch. Brechreiz. Fast muss ich mich übergeben. Es stinkt in diesem Zimmer, als würde hier was verwesen. Es ist der Teppich. Er frisst sich selbst auf. Ich gehe .

rückwärts wieder raus, eile die Treppen hinunter, eile durchs Foyer, und kaum bin ich draußen, probiere ich vorsichtig, ob das Atmen wieder geht. Bisschen später kommt Raja.

«Wahnsinn!», sage ich.

«Ja», sagt er.

«Was ist mit denen los, Raja? Sie brauchen doch nur den Teppich rauszuschaffen und ein paar Wochen zu lüften. Das Zimmer selbst ist doch ganz schön.»

«Das habe ich sie gerade auch gefragt. Und weißt du, was sie gesagt haben? Ohne den Teppich können sie den Raum nicht als ‹de Luxe› vermieten.»

Wieder kann sich Raja kaum beruhigen. Die ganze Fahrt zurück zur Schiffsanlegestelle schimpft er über Ignoranz, Faulheit und Ausbildungsstand im indischen Tourismusgewerbe. Ich habe weiter Zahnschmerzen. Sie versauen mir die Freude über das glückliche Ende des Unternehmens. Ich bin gegen tausend innere Widerstände (und mit ein paar Umwegen, fast könnte man sie Schlenker nennen) dem Ganges von der Quelle bis zur Mündung gefolgt. Und es war sinnvoll, obwohl ich genau das die meiste Zeit bezweifelt habe. Ich habe keine Heiligen getroffen, wie das früher mal der Fall war, auch nicht den Tod oder die Liebe, nicht mal die kleine, aber unvergessliche Affäre traf ich am Wegesrand. Ich traf nur mich. Endlich. Das macht diese Reise zur besten meines Lebens. Aber ich kann mich nicht freuen. Ich kann mir nur noch die Backe halten.

Wir erreichen die Anlegestelle für die Überfahrt zum Festland. Raja zahlt den Fahrer aus. Wieder ärgert er sich darüber, dass er hier beim letzten Mal einen zu hohen Preis akzeptiert hat. Wie viel zu hoch, will er mir nicht verraten. «Frag mich nicht», sagt er. Und fügt hinzu, dass auch ich «frag mich nicht» gesagt habe, als er von mir wissen wollte, was ich gestern für die Laufrikscha bezahlt habe. Ich nehme die Hand von der Backe und halte ihm fünf Finger hin. Er versteht nicht.

«Fünfhundert Rupien», sage ich.

Raja schwankt zwischen Schock und Lachen. Letztlich entspannt es ihn. So blöd wie ich war er nun doch wieder nicht. «Du hast ihm den Wochenlohn eines Taxifahrers dafür gegeben, dass er dich zwei Stunden gezogen hat?!» Ja, das habe ich. Und der jungen Bettlerin habe ich im Gegenzug nur ein Prozent von dieser Summe gegeben. Ich habe viel Blödsinn gemacht. Gestern. Heute nicht. Aber warten wir es ab. Das tun wir vor einem Chai-Shop und schauen über den Ganges der Fähre entgegen. Es wird noch eine Weile dauern, bis sie hier ist. Zwei Boote mit bunten Segeln sind auf dem Fluss, und zwei Mädchen schöpfen nicht weit von uns Wasser aus einem Brunnen. Eine hält die großen Krüge, die andere pumpt. Beide machen den Eindruck, dass sie mit ihrem Leben ohne Wasserleitung sehr zufrieden sind. «Okay», sage ich, «das war ein erfolgreicher Tag. Wenn wir wieder in Kalkutta sind, sollten wir einen drauf trinken, Raja, meinst du nicht?»

Raja antwortet nicht.

Die Fähre kommt, wir setzen über, wir steigen in unser Festland-Taxi, wir ackern los. Es wird eine schweigsame Rückfahrt. Jeder hängt seinen Gedanken nach. Woran Raja denkt, ist seine Sache, meine Gedanken drehen sich um Wochentage. Heute ist Montag. Wenn ich es schaffe, morgen (Dienstag) einen Flug von Kalkutta nach Delhi zu kriegen und am Mittwoch einen von Delhi nach Deutschland, dann bin ich Donnerstag beim Zahnarzt. Wenn ich erst am Mittwoch in Delhi eintreffe, schaffe ich es nicht vor Freitag, bei ihm zu sein. Freitags hat seine Praxis aber nur bis mittags auf. Und ich lande nicht in Hamburg. Ich lande in Berlin. Eineinhalb Stunden Zugfahrt sind da noch in Rechnung zu stellen. Man wird sich vielleicht fragen, wie man eine einfache Rechnung wie diese mehr als zweimal im Kopf durchgehen kann. Ich mache es wieder und wieder, ich bin darin gefangen wie in einem Hamsterrad. «Wenn ich es also schaffe, morgen …»

Mittlerweile ist es dunkel geworden, und wir sind kurz vor Kalkutta und kurz vor der Grenze, an der so 'ne Reise keinen Spaß mehr macht. Die Laster, die Auspuffrohre, die schwarzen Wolken, die da rauskommen, das Hupen, die Schlaglöcher, der Rücken, die Nerven, der Zahn. Vor allem auf ihn, aber auch auf alles andere muss ich langsam dringend seriösen Alkohol schütten. Ich spreche Raja also nochmal drauf an. Jetzt antwortet er. Es gibt zwei Möglichkeiten, sagt Raja und korrigiert sich sofort. Es gibt natürlich jede Menge Möglichkeiten, und er kennt sie alle, aber zwei sind empfehlenswert. Bei der einen kriegt man den besten Alkohol in der Stadt. Der Haken: Es kommen nur Männer. Nein, sage ich, das muss nicht sein. «Okay», sagt Raja, «dann gehen wir in die ‹Sunrise Bar›. Sie ist gleich neben dem ‹Fairlawn›. In etwa einer Stunde sind wir da.» Eine Stunde?! Obwohl wir bereits am Stadtrand von Kalkutta sind? Aber er soll Recht behalten. Ich vergesse einfach immer wieder, dass eine Stadt mit vierzehn Millionen Einwohnern was anderes ist als zum Beispiel so ein Dorf wie Berlin.

Sudder Street. Es ist geschafft. Wir gehen nicht schnurstracks in die Bar, sondern erst ins «Zürich» essen, dann suchen wir eine Apotheke, um für mich etwas Medizinisches zum Desinfizieren des Zahnfleischs zu finden. Falls der Alkohol den Job nicht macht. Wir finden die Apotheke nicht auf Anhieb und sind deshalb an die zehn Minuten auf der Straße, und in dieser Zeit fallen mich tatsächlich sieben Rikschafahrer an. Und bei allen ist es dasselbe. Sie sehen mich, sie lassen alles stehen und liegen, sie laufen auf mich zu, sie lachen und strahlen und bieten mir an, mich ÜBERALL hinzufahren. Sie feiern mich geradezu. «Du bist ja ein Heiliger auf dieser Straße», sagt Raja und grinst. Er grinst noch eine ganze Weile. Erst als wir die Bar erreichen, hört er auf damit. Er lässt mir den Vortritt, und während ich mich auf einen Hocker setze, sehe ich, wie er mit ernstem Gesicht zur Toilette eilt. Bis er wieder rauskommt, sammle ich schon mal Eindrücke von dem Etablissement.

Das Hotel hat vier Sterne, aber die Bar hat keine Fenster, und auch das künstliche Licht fällt äußerst spärlich, und selbst das wird noch gedämpft. Ich nehme an, dass es mit dem schlechten Image zusammenhängt, welches Spirituosen in Indien haben. Man will im Dunkeln munkeln, unter Gleichgesinnten. Mir gefällt das nicht, auch nicht die Atmosphäre. Es scheint, dass alle hier ein schlechtes Gewissen haben, bis auf den Barmann. Er lebt von der Hoffnung seiner Gäste, dass man durch Trinkgeld zumindest von ihm Absolution erwarten kann. Ein bisschen kommt's mir vor wie eine

Bar im Toreingang zur Hölle. Und dann ist Raja von der Toilette zurück. Er setzt sich neben mich. Der Barmann begrüßt ihn wie einen alten Freund, den man lange nicht gesehen hat. Raja grüßt seinerseits wie einer, der Gründe dafür hat, lange nicht mehr da gewesen zu sein. «He is a very good man», sagt der Barkeeper zu mir. «A very, very good man.» Raja schüttelt den Kopf. «Nein, nein, er lügt. Ich war schlimm. Ich habe hier furchtbare Dinge gemacht.» Und langsam dämmert mir, was los ist. Nein, nicht langsam. Schlagartig wird mir klar, was wir hier machen. Hat er mir nicht irgendwann heute erzählt, dass er mit dem Trinken aufgehört hat? Und hat er damit vielleicht mehr als nur aufgehört gemeint? Ganz aufgehört? Trocken?! Diese verfickten Zahnschmerzen. Sie lassen mich alles andere vergessen.

«Sag mal, Raja, es ist zwar 'ne komische Frage, aber was hast du eben auf der Toilette gemacht?»

«Ich habe mich vor den Spiegel gestellt und mich gefragt, ob ich das jetzt wirklich will.»

«Ach du Scheiße.»

«No problem. Mach dir keine Gedanken. Es ist okay.»

«Und wie lange hast du jetzt nichts getrunken?»

«Zwei Jahre. Keinen Tropfen.»

«Ach du dicke Scheiße.»

Natürlich versuche ich, das Ruder noch im letzten Moment herumzureißen. Ich erkläre ihm, dass es für mich absolut kein Ding ist, wenn wir unsere Pläne ändern. Ich muss jetzt nichts trinken. Und er muss jetzt nicht höflich sein. Aber Raja will nichts davon hören. Sein Spiegelbild auf der Toilette hat seine Frage mit «ja» beantwortet, und nun will er einen Whiskey. Ich will einen Rum, und während jeder das seine trinkt, gebe ich mir Mühe, ihn nicht dabei zu beobachten. Trinken ist, was mich angeht, auch das falsche Wort. Ich spüle meinen Zahn und hoffe, der Rum (Marke «Old Monk») wird ihn betäuben. Macht er aber nicht. Im Gegenteil. Der Schmerz nimmt zu. Kleine Sünden bestraft der liebe Gott sofort, denke ich, aber große manchmal auch. Raja hat dich heute zur Mündung des Ganges gebracht. Und du bringst ihn zurück zur Flasche.

Na, gute Nacht.

13. Sechshundert
Mahatma Gandhis

Ich bitte die Dame am Reiseschalter meines Hotels, einen Flug für mich nach New Delhi zu buchen. Eigentlich könnte das auch Raja für mich machen. Aber Raja ist noch nicht da. Und ich bin mir nicht sicher, ob er überhaupt kommen wird. Ich habe ihn seit gestern Abend nicht mehr gesehen. Bingo, sie hat einen Platz. Heute. 20.40 Uhr. Sie will 7900 Rupien dafür.

Raja betritt das Foyer. Er trägt wieder den schwarzen Anzug, wie beim ersten Mal. Als er bei mir ist, sehe ich, dass er weder im Gesicht schwitzt noch Augenringe hat. Er redet auch ganz normal. Er blafft die Frau wegen der 7900 Rupien an. Achthundert weniger seien korrekt. «Das ist die übliche Provision, Sir», sagt sie ein bisschen erschrocken. «Die international übliche, Sir.»

Ich habe natürlich ein schlechtes Gewissen, dass ich nicht Raja die Provision habe verdienen lassen – und ein noch schlechteres Gewissen wegen gestern Abend. Aber meine Sorge ist grundlos. Er ist in der Nacht nicht weitergezogen. Das heißt, er ist nie Alkoholiker gewesen, und dann war es auch kein Entzug, den er vor zwei Jahren gemacht hat, dann hat er nur seinen Lifestyle geändert.

Raja schlägt vor, den letzten Tag noch zu nutzen. Er will mir den Norden Kalkuttas zeigen. Und Charlotte kommt mit. Sie wartet auf uns im «Fairlawn». Okay? Sehr okay. Raja hat wieder den weißen Ambassador organisiert. Auf dem Weg zum «Fairlawn» gestehe ich ihm meine Sorge, er könne vom rechten Weg abgekommen sein. Raja sieht mich an, als spräche er zu einem Kind. «Wir haben nur einen Drink genommen», sagt er. «Und ein Drink reicht nicht dafür. Da muss der Teufel schon spendabler sein.» Raja Pacino hat gesprochen, oder Al Raja, ganz wie man will.

Charlotte steigt zu. Wir sind komplett. Wie es an der Mündung des Ganges gewesen ist, will sie wissen. Super, sage ich. Stimmt es, dass es dort nichts zu sehen gibt? Oder war das nur einer von Rajas Scherzen? – Nein, das stimmt. – Aha, aber super? – Ja. Dann erkläre ich Charlotte, warum ich recht wortkarg bin. Zahnschmerzen? Kein Problem. Sie kennt einen guten Zahnarzt in Kalkutta. Ich lehne erschrocken ab.

«Weißt du, Charlotte, es gibt Menschen, die Angst vor dem Alter haben. Ich nicht. Je älter ich werde, desto technisch versierter wird die Zahnbehandlung. Der Blick zurück dagegen verdirbt mir die Freude an historischen Filmen. Was immer an König Artus' Tafelrunde auch sonst noch passierte, ich frage mich nur eins: Wie war das da eigentlich beim Zahnarzt? Wie sah DAS denn da aus? Selbstverständlich sind die Gründe für meine Angst in Kindheitserlebnissen zu suchen, aber auch in Reiseeindrücken. Ich habe das Blut an der Wand eines ägyptischen Zahnarztes gesehen, während er bohrte und dabei rauchte. Nein, Charlotte, nein, ich gehe nicht zu einem indischen Zahnarzt. Niemals!»

«Aber Helge, für diesen Zahnarzt würde ich von London nach Kalkutta fliegen. Er ist absolut brillant. Er ist der Zahnarzt des Dalai Lama.»

Wäre es nicht um einen Dentisten gegangen, hätte mich das überzeugt. Der Dalai Lama ist ein wunderbarer Mensch. Ein Ozean des Wissens; wann immer ich ihn habe sprechen hören, hat er nichts als die Wahrheit gesagt. Und immer aus dem Moment heraus. Nur die aktuellen News des ewigen Wissens, nicht die Zeitungen von gestern, die Konzepte, die spirituellen Fertiggerichte. Auf die Frage, warum er Windowshopping liebt, hat er geantwortet: «Es macht mir Spaß zu wissen, was ich nicht brauche.» Ist doch super, der Mann. Und bescheiden ist er auch. Ich habe ihn einmal in Dharamsala dabei beobachtet, wie er einen Zeremonienmeister zur Verzweiflung trieb, weil er sich nicht auf seinen Thron setzen wollte, sondern auf einen kleinen Hocker, der daneben stand. Immer wieder bat der Zeremonienmeister das Oberhaupt der tibetischen Buddhisten, sich endlich dahin zu setzen, wo er hingehört, und immer wieder wollte «Seine Heiligkeit» auf den kleinen Hocker. Na ja, was heißt immer wieder. Das ging zehn Minuten so, und dem Dalai Lama hat das offensichtlich Spaß gemacht. Vielleicht macht er sich den Spaß jedes Mal, und der Job des Zeremonienmeisters ist der gefürchtetste im ganzen Orden. Nee, auf den Dalai Lama lass ich nichts kommen, der Mann ist erleuchtet. Aber genau das ist das Problem. Einen Erleuchteten fragt man nicht nach seinem Zahnarzt. Ein Erleuchteter kennt keinen Schmerz.

Die Straßen von Kalkutta sind mal so und mal so. Aber nie unbelebt. Was mir generell an ihnen gefällt, ist die Fröhlichkeit, mit der hier vieles geschieht. Oder nicht geschieht. Das hat mit dem Klima zu tun und mit den Menschen, und ich gehe eigentlich davon aus, dass da ein Zusammenhang besteht. Zwischen Klima und Bengalen. Der Winter in Kalkutta ist so warm wie der Sommer in Südfrankreich, nur ein wenig feuchter, aber es ist nicht so feucht wie in der Zeit von Mitte Juni bis Anfang Oktober. Das nennt man jedoch eh nicht mehr feucht. Das nennt man Monsun. Jetzt, Ende Oktober, ist es perfekt. Wer es sich erlauben kann, arbeitet mit nacktem Oberkörper am Straßenrand oder trägt Saris aus Seide oder Hosen aus Leinen, aber das freundliche Klima streichelt auch alle, die billigere Stoffe tragen, es streichelt auch die Armen. Selbst die Bettler sind fröhlich. Sie zeigen es nicht gern, nur manchmal sind sie unbedacht, wie der Junge an der letzten Kreuzung. Durch Kalkutta zu fahren bedeutet, an jeder Kreuzung, an der man halten muss, eine wenn auch inoffizielle, so doch gesellschaftlich akzeptierte Armensteuer zu zahlen. Ein oder zwei Rupien. Der Junge klebte also an der Seitenscheibe des Ambassador und verzog sein Gesicht zu einer Grimasse des Schmerzes. Dazu rieb er seinen Bauch. «Hungry, hungry!» Ich gab ihm zwei Rupien. Er entspannte sich sofort, aber als er nachgezählt hatte, wütete sofort wieder der Hunger wie ein wildes Tier in seinen Eingeweiden. Raja griff ein. Er sagte etwas auf Bengali, und offensichtlich war es ein Scherz, denn der Junge lachte schallend los. Als er realisierte, dass er sich als Bettler danebenbenahm, war es bereits zu spät, denn wir hatten Grün.

Zu dieser klassenübergreifenden Fröhlichkeit auf den Straßen von Kalkutta kommt noch ein gewisses Laisser-faire hinzu, das anders als in anderen indischen Großstädten nicht allein mit dem Fatalismus der Hindus zu erklären ist, sondern auch ein paar kommunistische Nuancen hat. Seit dreißig Jahren ist die KP in der Kommunalpolitik am Zug. Natürlich werden die wichtigsten Gesetze in New Delhi gemacht, aber in Kalkutta werden sie gedeutet, gebogen, gedreht und, wenn alles nichts hilft, mit Streiks bekämpft. Kalkutta ist die Streikhauptstadt des Subkontinents. Irgendwer streikt jeden Tag. Und fast immer trifft es den Verkehr. Alle Reiseführer betonen deshalb, dass zeitnahe Termine im Verkehr von Kalkutta ein Risiko sind. Aber a) ist mein Abflugtermin noch nicht zeitnah, und b) streikt auch gerade keiner. Nicht hier. Und woanders ist mir egal.

Die Straßen werden zunehmend interessanter. Angenehmer. Stimmiger. Ich finde das Wort nicht. Britische Architektur, indisches Leben. Von beiden Kulturen das Beste, wie mir scheint. Raja weist mich darauf hin, dass wir bereits im Norden von Kalkutta sind und in Kürze unser erstes Ziel erreichen werden. «Ein Kaffeehaus.» Das höre ich gern. Entweder ist Raja immer so drauf, oder er kriegt schnell den Geschmack seiner Klienten raus. Oder er hat es von Charlotte. Hat sie nicht gerade «du wirst es lieben» zu mir gesagt?

Gegenüber der Universität von Kalkutta hält der Fahrer an, wir steigen aus und gehen durch einen breiten Hauseingang und dann ebenso breite Stufen

zum ersten Stock hinauf. Schon das Treppenhaus berührt mich seltsam. Als wenn ein Zauber auf den Stufen
läge, auf dem Geländer, den Wänden und auch dem
Fenster. Beim Fenster ist die Sache einfach zu erklären,
da ist es die Kombination aus dem Mittagslicht und
dem Grün, auf das man blickt, weil ein großer Baum
draußen steht. Beim Rest vom Treppenhaus erklärt sich
die Alchemie der Atmosphäre dann nicht mehr ganz
so flott. Da ist es eine Reihe von Zutaten. Erstens: das
koloniale Haus. Die Materialien, Baustoffe, Fliesen, das
Holz. Jeder Kratzer, Fleck und Schatten erzählt von der,
ich schätze mal, hundertjährigen Geschichte. Zweitens,
und natürlich steht das mit erstens im Zusammenhang:
Hier wurde nie auf Teufel komm raus renoviert. Hier
fehlte entweder das Geld oder die Tatkraft dafür. Oder
beides. Drittens: die Menschen, die uns auf der Treppe
entgegenkommen. Es sind nicht viele, aber ich weiß sofort, ich passe in das Gästeprofil dieses Etablissements.
Im ersten Stock müssen wir nochmal durch eine breite
Tür, und dann macht es rums! in mir. Charlotte, die
das erwartet hat, breitet beide Arme aus: «Welcome to
the Indian Coffee House!»

Manche Leute sagen, es gibt den Fluss, der Ganges
heißt, und es gibt den inneren Ganges. Den Fluss
DEINES Lebens. Manche Leute sagen, der innere
Ganges sei wichtiger für uns. Ich will mich da jetzt
nicht einmischen, ich weiß nur, dass ich gestern an der
Mündung des äußeren Ganges gewesen bin. Und jetzt
stehe ich an der Mündung des inneren. Das gehört erklärt. Wer bin ich? Schwer zu sagen. Was bin ich? Das
ist einfacher. Ich bin ein Schreiber. Und genusssüch-
tig. Und manchmal, wie alle Schreiber, arg autistisch.

Manchmal auch nicht. Darf ich an dieser Stelle mal von Hemingway sprechen? Er meinte, dass Schreiben einsam macht. Das ist das Kreuz in unserem Beruf. Man kapselt sich ab, man verschwindet in seinem Buch. Ein gutes Kaffeehaus holt einen da raus. Weil es uns in Ruhe lässt, obwohl keine Ruhe ist. Menschliche Stimmen haben etwas von Vogelgezwitscher, wenn viele gleichzeitig sprechen, nicht laut, nicht schrill, sondern so gedämpft, wie es in Kaffeehäusern Vorschrift ist. Dann sind Stimmen sogar ein bisschen wie Wasser und Wind, wie Plätschern und Rauschen. Menschliche Stimmen sind eine natürliche Geräuschkulisse, die eigentlich immer angenehm ist. Und geschenkt wird. Sie erwartet keine Aufmerksamkeit, im Gegenteil. Je weniger du in den intimen Kosmos des Nachbartisches eindringst, desto glücklicher ist hier jeder mit dir. Kurz: Im Kaffeehaus können wir Autisten sein und sind trotzdem nicht allein. Und wenn wir gerade mal nicht autistisch unterwegs sind, auch dann ist das Kaffeehaus eine ideale Adresse. So viel zu den Belangen des Schreibens, nun zu denen des Reisens. Die sind im Grunde ähnlich. Auch Reisende kennen das Phänomen der Einsamkeit. Des Fremdseins. Des Sich-ausgestoßen-Fühlens. Die Aufgabe der Gastronomie ist ganz allgemein, ein Zuhause für Fremde zu schaffen, und innerhalb dieses Zuhauses sind die Kaffeehäuser die Wohnzimmer. Egal, wo du bist, und egal, wie weit weg das ist von dem Ort, wo Mutter schläft – ein Wohnzimmer, das zu dir passt, wartet in jeder Stadt. Fast. Es gibt Städte, in denen ich keins gefunden habe, und in die gehe ich freiwillig kein zweites Mal. Es gibt, andersherum, aber auch Städte, die ich nur wegen eines bestimmten Kaffeehauses immer wieder gern besuche. Hier meine schnell dahingeworfene Hitliste. Das «Café de l'Opera» in Barcelona. Das «Café Glacier» in Marrakesch. Das «Café Sperl» und das «Café Sperlhof» in Wien. Das «Café Monserrate» in Havanna. Das «Café Russischer Zar» in Belgrad. Das sind alles klasse Plätze, mit einer Atmosphäre, die man wie Kuchen anschneiden kann, aber das, was ich jetzt gerade betrete, ist definitiv, absolut und zweihundertprozentig die Mutter des Kaffeehauses. Mindestens die Mutter.

Erster Eindruck: groß, ohne wie ein Saal zu wirken. Nächster Eindruck: hohe Decken. Übernächster Eindruck: Alle vier Wände sind ein einziges, ineinander übergehendes Gemälde, das die Zeit in Komplizenschaft mit dem feuchten Klima geschaffen hat. Man sagt ja, dass in Weiß alle Farben verborgen sind, aber wenn die Jahre drübergehen, dominiert Gelb das Geschehen. Gelb in allen Facetten, organisch gemischt. Oder soll man sagen gewachsen? Geflossen? Geblättert? Angeraucht? Seit Jahrzehnten mit Nikotin nachgebessert? Dazu die Sonne. Wo sie durchs Fenster fällt, schafft sie Logen, kleine Ecken, fast Inseln. Licht und Schatten sind die Raumteiler im «Indian Coffee House», und sie wandern mit den Stunden. Jeder Tisch ist mal dran. Und fast jeder besetzt. Dazwischen laufen Kellner mit Turbanen und breiten Gürteln. Und, ach ja, über allem thront (oder wacht) als einzige Dekoration in diesem Lokal eine gerahmte Schwarzweißfotografie, die den größten Sohn der Stadt zeigt. Und eigentlich einen der größten überhaupt, denn außer ihm hat es niemand in der Geschichte der Menschheit zum Heiligen und Literaturnobelpreisträger in Personalunion gebracht.

Auf dem Foto hat er lange weiße Haare, einen langen weißen Bart, und seine Augen strahlen gleichzeitig Güte und Intelligenz aus, was eine seltene Kombination ist. Und noch etwas. Das Bild ist nicht überlebensgroß, obwohl hier reichlich Platz dafür wäre. Es hat ein bescheidenes, fast intimes Format, aber gerade durch die Reduktion wirkt es in dem gewaltigen Quadrat der vergilbten Wand wie auf den Punkt gebracht. Rabindranath Tagore. Er hat mit siebzehn zu schreiben begonnen und erst zwanzig Minuten vor seinem Tod damit wieder aufgehört. Ein heiliger Dichter wacht über dem schönsten Kaffeehaus, das ich je betreten habe, und man kann vielleicht verstehen, warum mein innerer Ganges darin seine Mündung sieht, noch bevor ich mich gesetzt habe.

«Und nun kommen wir hübsch wieder ein bisschen runter.» Das war mein Zahn.

So ist es. Solange die Ursache des Schmerzes nicht behoben ist, mag es der Schmerz nicht, wenn man ihn vergisst. Er meldet sich fast wütend zurück, während man so etwas Oberknuspriges isst wie die Pokaras des Hauses. Es gibt sie an jeder Ecke, in jedem Loch, aber nirgendwo werden sie so knusprig gebacken wie hier. Sie sind delikat, und sie tun weh, genauso wie der Kaffee. Charlotte und Raja erzählen mir unterdessen, was ich über das «Indian Coffee House» wissen muss. Es war immer der Treffpunkt der Intellektuellen, Künstler und Revolutionäre. Hier wurde der Aufstand gegen die Engländer besprochen. Heute bespricht man hier den permanenten Aufstand gegen New Delhi. Auch den gegen Bollywood. «Kalkutta macht richtige Filme», sagt Charlotte, «keine Operetten. Und was meinst du, Helge, willst du nicht mal eine Schmerz-tablette nehmen? Ich sehe doch, du liebst das hier und versuchst es zu genießen. Aber du kannst es nicht. Ich würde sagen, es ist Zeit für die Pille.»

«Ich habe keine dabei.»

«Aber ich.»

Charlotte holt eine Packung aus der Tasche und legt sie auf den Tisch. Raja ist begeistert. Das Mittel ist das stärkste, was es gibt. Und gleich 600 mg pro Tablette. Die normalen haben 200 mg. Raja weist mich darauf hin, dass bei indischen Schmerzmitteln «mg» für «Mahatma Gandhi» steht.

«600 Mahatma Gandhis arbeiten in dir, wenn du eine von diesen Pillen nimmst. Du wirst sehen, es wird dir gleich besser gehen.»

«Du kannst es aber auch gleich mit 1200 Mahatma Gandhis probieren», sagt Charlotte.

Sie meinen es wirklich gut mit mir.

Ich nehme eine Tablette und muss jetzt etwa zwanzig Minuten nichts anderes tun als warten. Ich verbringe die Zeit damit, darauf zu achten, wie der Schmerz nach-lässt. Macht er aber nicht. Er nimmt nicht langsam ab, er wird schlagartig verschwinden, sagt Charlotte. Wit-ziges Bild, denke ich. Sechshundert Mahatma Gandhis schlagen wie ein Mann zu. PEACE!, ihr verfickten Schmerzerreger, nein, SHANTI! Weil es Inder sind.

Die Tablette wirkt, als wir das «Indian Coffee House» verlassen. Allerdings nicht so schlagartig wie gedacht, sondern eher wie ein DJ, der langsam und genieße-risch ein Stück herunterfährt. Es beginnt oben im Trep-penhaus, wird schwächer mit jeder Stufe, und unten auf der Straße blendet er völlig aus. Oder soll ich den

Plural wählen? Die sechs mg-Hundertschaften haben ihren Job gemacht, und das Erste, was ich schmerzfrei sehe, ist das Eckhaus auf der gegenüberliegenden Straßenseite. Es sieht aus wie aus Büchern gebaut.

Die Mauern, die Fenster, die Türen – alles ist komplett mit Büchern zugestellt. Zwei Stockwerke hoch. Und wo die Bücher einen Blick in die Innenräume zulassen, bietet sich dasselbe Bild. Sie werden gleich vor Büchern platzen. Vor dem Haus stapeln sich Bücher bis tief in die Straße hinein. Und das Nachbarhaus sieht genauso aus. Und auch das Haus daneben. Und das daneben. So weit die Füße tragen, scheint die Häuserreihe auf der gegenüberliegenden Seite aus Büchern gebaut zu sein, und für die Seite, auf der wir gehen, gilt dasselbe.

«Hier findest du jedes Buch der Welt», sagt Charlotte. «Hier findest du Bücher, die du nicht mal mehr in New York oder Paris bekommst.»

Ich schalte auf Bummeln um. Auf Schleichen. Auf Wandeln. Letztlich auf eine Art zu gehen, die mit vorgetäuschten Bewegungen verschleiern soll, dass man eigentlich stehen bleibt. Ähnlich verhalten sich Astronauten beim Betreten fremder Planeten. Ein Film fällt mir ein. «Fahrenheit 451». Er erzählt von einer Zeit, in der Bücher verboten und Leser Verbrecher sind. Hier ist der Gegenentwurf. Der Planet der Bücher. Die Zentralbibliothek des Universums. Der Norden Kalkuttas könnte locker zweitausend Lichtjahre entfernt von unserer Erde sein.

Zurück im Raumschiff der Klasse Ambassador de Luxe, frage ich Charlotte, was sonst noch so in diesen Tabletten ist. Die Wirkung erinnert mich etwas an die des Opiumtees, den ich neulich in Marokko zu mir genommen habe. Charlotte sagt, das ist normal. Alle Schmerzmittel hätten euphorisierende Nebenwirkungen. Aber ich soll mir keine Sorgen machen. Die Begeisterung, die ich momentan für Kalkutta ausstrahle, müsse deshalb nicht unbedingt drogeninitiiert sein. Du bist nicht irre. Die Straßen sind es. Das in etwa ist Charlottes Message, und sie wird mir langsam schwesterlich. Sie ist wie Scarlet. So klug wie sie, so weit gereist wie sie, so alt wie sie. Und ich muss sagen, ich genieße es mehr und mehr, mit Frauen zusammen zu sein, die in meinem Alter sind, aber ich genieße ja anscheinend alles zurzeit.

Nach den Straßen der Bücher kommen die Straßen der Schreiber. Auch noch nie gesehen. Laden an Laden, und in allen stehen auf soliden Tischen Schreibmaschinen aus der Eisenzeit. Ich kenne diese Dinger. Auf ihnen zu tippen heißt, irgendwann mit zwei Fingern den Arm eines Mannes brechen zu können, so muskulös werden sie davon. Die Schreiber stehen rum oder sitzen neben ihren Maschinen mit gekreuzten Beinen auf den Tischen. Andere liegen unter ihnen. Jeder wartet auf seine Weise auf Kundschaft. Nicht auf Inspiration. Sie schreiben keine Romane, keine Novellen, keine Kurzgeschichten. Auch keine Sachbücher. Aber Liebesbriefe, Drohbriefe, Bittbriefe, Amtsangelegenheiten. Sie schreiben für Leute, die nicht schreiben können, und während wir langsam an ihnen vorbeirollen, an Schreiber für Schreiber, an Schreibtisch für Schreibtisch, an Laden für Laden, denke ich, warum eigentlich nicht? Warum könnte hier nicht einer reingehen und sagen: «Ich bin die Wiedergeburt von Rabindranath Tagore, aber aus irgendeinem Grund Analphabet. Vielleicht weil ich im letzten Leben eitel gewesen bin. Wenn du mir hilfst, kriegst du zehn Prozent von dem Reibach, den so ein Nobelpreis bringt. Wird aber ein bisschen dauern. Ich denke so an drei Bände mit jeweils tausend Seiten.» Nee, wird der Schreiber daraufhin sagen, Literaturnobelpreise gibt's schon ab hundertzehn Seiten («Siddhartha») oder hundertzwanzig («Der alte Mann und das Meer»), außerdem will ich fünfzig Prozent.

Raja unterbricht meine Gedanken mit der Frage, woran ich denke. «An alles oder nichts», sage ich. Und meine es auch so. Ich ertappe mich bei etwas, das auf dieser Reise völlig neu ist. Ich halte Ausschau nach Wohnungen, die man mieten könnte. Für drei Monate, ein halbes Jahr oder meinetwegen auch ewig. Hier könnten meine Füße tatsächlich in Rente gehen. Wenn nur der Smog nicht wäre. «Und vergiss auch den Zahn nicht», sagt Raja dazu ganz richtig. «Nein, flieg zurück, du kannst ja wiederkommen. Ich suche in der Zwischenzeit was Passendes für dich.» Guter Plan. Die Folge ist, dass Charlotte und ich ab sofort die bisher unverbindliche Sightseeingtour auf Wohnungssuche fokussieren. Die da, mit den zwei Balkonen, die da, mit den hohen Fenstern, ein großer Raum reicht, aber es können auch zwei kleine sein. Holzdielen wären schön, nein, Voraussetzung. Auf keinen Fall Steinboden. Und auf gar keinen Fall Teppich. «Apropos Teppich», sagt Raja. «Haben wir dir eigentlich schon von dem erzählt, den wir gestern gesehen haben, Charlotte?» Die Geschichte von dem Kannibalenteppich an der Mündung des Ganges erzeugt Heiterkeit im Ambassador, bis Raja den Fahrer anweist zu halten. Wir haben Kumar Tuli erreicht. Das Viertel, in dem Kalkuttas bildende Künstler beweisen, was man aus Flussschlamm machen kann.

Heiliger Schlamm. Vom heiligen Ganges. Klar, dass sie nur Heilige und Götter daraus formen. Was die Götterskulpturen angeht, so ist das durchaus erotisch. Denn außer der grässlichen Kali sind alle anderen Göttinnen echte Schönheiten. Vollbusig, schmale Taille, super Arsch, und fast immer sind sie halb nackt dargestellt. Der Impuls, im Vorübergehen ihre prächtigen Brüste zu streicheln, ist kaum zu unterdrücken. Mein Gott, ich glaube wieder an Dich. Du hast Traumjobs geschaffen. Götterskulpturen aus dem Schlamm des Ganges zu formen gehört definitiv dazu. Darum machen ihn auch so viele. Wieder sieht man in jedem Haus jeden dasselbe tun. Charlotte fragt Raja, ob es hier Arbeitsteilung gibt. Ob die heterosexuellen Künstler die geilen Göttinnen und die schwulen Flussschlammformer die geilen Götter machen. Shiva, Krishna, Rama, alle haben breite Schultern, fließende Muskeln, Waschbrettbauch und kein Gramm Schlamm zu viel. Raja sagt, im Einzelfall könne das schon mal vorkommen, dass ein homosexueller Künstler sich hier seinen Traumgott zurechtfummelt, aber verallgemeinern würde er das nicht.

Nachdem wir etwa zehn Minuten immer geradeaus durch den hinduistischen Götterhimmel gegangen sind, erreichen wir das Ziel der Führung. Den Star der Szene. Den Meister des Viertels. Er hat sich auf Büsten von indischen Heiligen spezialisiert. Seine Gandhis und Tagores verkaufen sich in die ganze Welt. Aber auch seine heiligen Touristen. Momentan arbeitet er an einem besonders hübschen Albert Einstein. Das Gesicht der Relativitätstheorie. Hat dieser Mann nicht die Grundlagen für die Erfindung der Atombombe geschaffen? Gehört der überhaupt hierher? Mach deine Arbeit und sorge dich nicht um die Früchte, würde die Bhagavadgita dazu sagen. Jede andere Antwort wäre auch fatal, denn die Flussschlammkünstler müssten ihre Auswahlkriterien überdenken. Was ist mit Gandhi? Er hat nur Gutes getan. Die Engländer rausgeworfen, Indien befreit, aber die Früchte davon waren die Abspaltung Pakistans und großes Morden zwischen Hindus und Moslems. Schönen Gruß von Goethe. Man tut Gutes und schafft Böses. Auch gruselig: Man tut Böses und schafft Gutes. Es ist ein uraltes Spiel. Und wir haben weder die Regeln gemacht, noch steht es in unserer Macht, sie zu ändern. Wir können Raumschiffe bauen und den Mars kolonisieren. Aber die Beziehungskiste der Gegensätze werden wir nicht los. Wir können das Gute nicht von dem Bösen befreien.

Das sind in etwa meine Gedanken, während ich Einsteins Haare streichle, als Nächstes fallen mir die 1,5 Millionen Kolibakterien wieder ein, die in einem Deziliter des Ganges sind. Sind die auch in seinem Schlamm? Die Frage beendet die Zärtlichkeiten. Ich schließe mich den anderen an. Sie wollen Tee, und da ist ein Chai-Stand. Der Teemann hockt neben seinem Topf auf dem Boden. Er schüttet Unmengen Zucker hinein. Das Ergebnis ist eine gelungene Kombination aus Heißgetränk und Süßspeise. Alle drei nehmen wir eine Zigarette dazu. Das Licht der Nachmittagssonne und dieses Viertel sind übrigens auch eine gute Kombination. Die Lehmwege, die offenen Werkstätten, die

Götter und Göttinnen, alles sieht aus wie ein vergoldeter Planet. Auch der kleine Stadtpalast, auf den wir sehen. Ein kleiner Palast ist ein großes Haus. Zweistöckig, zwei große Terrassen, efeubewachsen. Raja war schon mal drin. Er sagt, in jedem Stockwerk ist nur ein Raum, aber der ist so groß wie ein Saal. Und Marmorboden überall. Das Schönste an alldem: Das Haus ist praktisch frei. Es gehört einem Engländer, der selten nach Kalkutta kommt. Nur der alte Hauswart wohnt mit seiner Frau darin. Raja verspricht, den Alten nach der Adresse des Engländers zu fragen. Vielleicht freut der sich, wenn er eines der Stockwerke vermieten kann. Mit neuen Träumen gehen wir durch das Spalier der göttlichen Titten zur Hauptstraße zurück und nehmen wieder Platz im Ambassador de Luxe.

Träume, sie werden langsam generell zum Thema. Ihr Wesen. Ihre Lebensdauer. Ihre Aufgabe. Der Hinduismus nennt das Phänomen «Maya». Die Täuschung. Oder krasser: die Lüge. Wie ich drauf komme? Na ja, wir ackern weiter in diesem fabelhaften Auto bei fabelhafter Laune durch fabelhafte Straßen, fabelhaft im Sinne von dicht und dicht im Sinne von Atmosphäre. Millionen Menschen tun irgendwas, verkaufen irgendwas, laufen irgendwas hinterher, und dann kommen wir doch noch in ein Streikloch, und alles steht still. Nicht wirklich alles. Nur der Verkehr. Im Gegensatz zu den Staus, die ich aus anderen Großstädten kenne, stellt in Kalkutta jeder sofort seinen Motor aus. Unser Fahrer auch. Alle. Man hört nur noch Menschenstimmen, Kinderlachen, Fahrradklingeln. Aber keine Maschinen mehr. Der Effekt ist surrealistisch. Maschinenstille in der wahrscheinlich schönsten

Stadt der Welt, wenn sie sauber wäre. Die Engländer haben geklotzt beim Bau der Stadt. Kalkutta sollte das schönere London in Indien werden. Und diese Häuser hier könnten tatsächlich auch in Venedig, Barcelona, Rom oder Prag stehen. Europäische Hochkultur, erzählt mit den Mitteln der Architektur. Und Geld spielte keine Rolle für die East India Company, deren finanzielle Möglichkeiten zu ihrer Zeit schier unbegrenzt schienen. Taubenscheiße und andere Widrigkeiten der nachfolgenden Jahrzehnte konnten das nicht zerstören, nur verhüllen, verstecken. Kalkuttas Schönheit liegt im Dornröschenschlaf. Zu Zeiten der Maschinenstille verstärkt sich dieser Eindruck ins Zauberhafte. Der Zauber währt nun schon seit mehr als zehn Minuten. Ich nutze ihn für folgende Träume: Auf meine Frage, ob ich im «Indian Coffee House» mit einem Laptop in Ruhe arbeiten könne, hat Raja ja gesagt. Er müsse nur ein paar Tage dabeisitzen, dann habe man sich an mich gewöhnt. Auf die Frage, ob er mir im Stadtpalast der Flussschlammkünstler einen Raum besorgen könne, hat er bereits «Ich will es versuchen» geantwortet, und beide Fragen weisen darauf hin, dass ich davon zu träumen beginne, in Kalkutta zu bleiben. Das beinhaltet den Traum, in Indien zu bleiben. Und das stellt alles bisher Geträumte auf den Kopf. Bisher träumte ich auf dieser Reise davon, wieder abzureisen. Das war merkwürdig genug, denn vor dieser Reise, um einen Schritt weiter zu gehen, war mein Traum genau diese Reise. Als er in Erfüllung ging, begann ich von ihrem Ende zu träumen, und heute, wo auch dieser Traum Wahrheit wird, träume ich plötzlich davon zu bleiben.

Bin ich beknackt?

Oder ist das normal? Verlieren wir unsere Träume, wenn sie in Erfüllung gehen? Und träumen wir sie dann immer in ihr Gegenteil? Aber sie gehen ja nicht alle in Erfüllung. Der Albtraum INDISCHER ZAHN-ARZT ist mächtiger als der Traum, in Kalkutta zu bleiben. Und zu schreiben. Zum Beispiel dieses Buch. Möglich ist natürlich auch, dass es in diesem Fall gar nicht um die Alchemie der Träume geht, sondern um ein anderes Phänomen. Ich habe davon gehört. Auch davon gelesen. Aber erlebt habe ich es noch nicht. Das Phänomen des letzten Tages. «Wie geht's dir?», fragt Raja und sieht mich an, als könne er Gedanken lesen. Und was sage ich? Was soll ich schon sagen?

«Scheiße, Mann, an meinem letzten Tag fängt Indien an.»

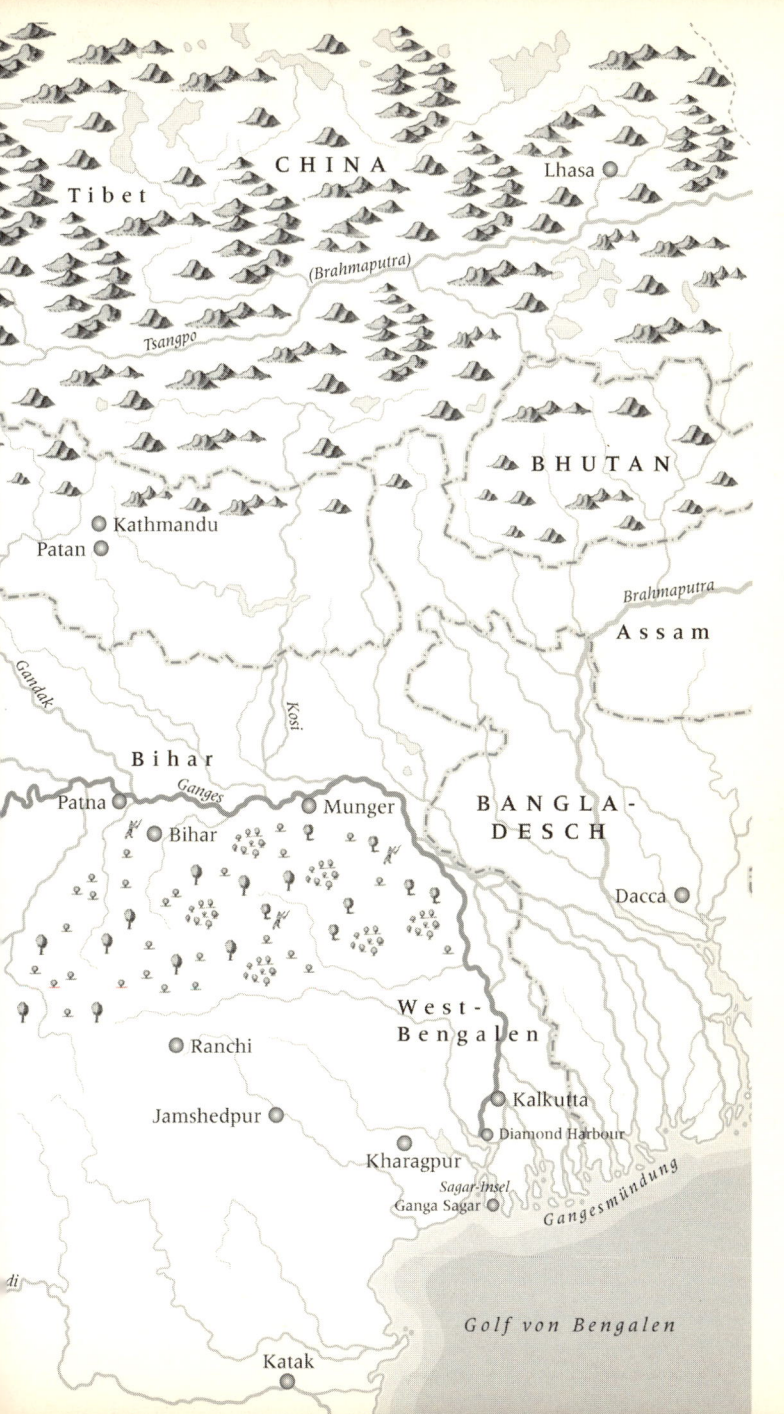